소안도 작가 장후용 (수·산·시·설·음) 시책

종로에서 소안도로 말 달리다

저자 장 후 용

종로 탑골에서 "원어가 해체되어 불가피한 사투리로 갈라지는 의태의 의성어 최종 계시를 되새김할 곳이 소안도(所安島) 감이라면 소는 곧 위장을 되새기는 풀 음이 제주도 바다풀 다시마 미역이 마파람에 전복을 실어 게눈감추듯 맛나게 달려보는 말이다."

도서출판 조은

장후용 작가의 말

종로에 종묘는 제 사는 모습들이 세풍에 시달리며 창궐한 바다. 인사동 골목마다 오래 묻힌 쇳내음이 떠돈다. 새벽이 다가오며 골목의 길쭉한 그림자. 그 너머로 저만치 앞서간 시간들의 초침에 희뿌연 새벽 안개가 깔리고, 아직도 물러가지 않은 어둠이 전신주와 담벼락에 뜨락처럼 스며 있다.

낙원상가 길 바닥에는 어제의 비가 아직도 촉촉하게 고여 있고, 황무지처럼 다 닳아버린 포석 위를, 나는 보이지 않는 말의 고삐를 쥔 채 천천히 걷는 느낌에 사로 잡힌다. 금새 트라우마처럼 말 발굽소리가 들려오다 멈춘 곳, 저 먼 곳으로 부터 빠르게 질주해오는 말발굽 소리. 미래는 과거와 현재, 종로의 아스팔트와 소안도의 모래바람에 겹쳐진다.

허공에 떠도는 먼지, 골목 어두운 곳에 박혀 추위에 움츠려들던 소년의 모습, 허름한 옷차림에 초로한 노인의 뒷모습, 그리고 사라져버린 혁명의 꿈. 모든 것이 이 길에서 만난다. 나는 내 삶의 무늬를 뒤적이며, 한때 말과 함께 달렸던 저 거친 섬의 언덕과, 이 낡은 거리에 비치는 아침 햇살을 거울처럼 겹쳐본다.

그리고 역사는 언제나, 구불구불한 이 길 모퉁이에서 다시 시작되며, 흙먼지 일으키던 그 말은 어느새 내 심장에 우렁차게 달려든다. 나는 달리다가 돌아들어오며 쓰러진다. 그리고 다시 일어서기를 반복하는 종로는 먼지의 거리감, 소안도의 시간은 그렇게 흔들리며 이어지는 내 뇌리의 섬망이다. 어쩌면 나는 해리성에 시달린 신음, 골골 신음을 앓는 소리로 말을 달리다 말고 다시 말을 바꾸기도하는 이 책의 줄거리는 어쩌면 반복적으로 내 '틱'에 줄줄 풀어서 코를 골며 자고 있는지도 모른다.

2025. 11. 15.

차례

장후용 작가의 말 ··· 3

1장 ● 소안도 갈까마귀 ······································· 7

2장 ● 소안도 돌풍 ··· 35

3장 ● 조강 날로 말 달리다 ······························ 101

4장 ● 소안도 미라리 조강 날 바다 짝지에서 ·········· 109

5장 ● 두 번째 이야기 《소안도 섬망》 ················· 143

1장

소안도 갈까마귀

1
종로의 새벽

서울의 새벽이 희끄무레하게 열릴 때, 아버지는 종로 3.1빌딩 뒷골목 바닥의 먼지 위를 천천히 걸었다. 신발 밑창에는 여전히 소안도의 모래가 박혀 있었다. 모래는 이따금 종로의 돌길을 밟을 때마다 사각, 사각, 기억의 마찰음처럼 울렸다.

그의 손에는 낡은 서류가방 하나가 들려 있다. 가방에는 시집 몇 권, 오래된 원고들, 그리고 파란 볼펜 하나가 들어 있었고 그는 한때 시인이 되고 싶었다. 그러나 인사동의 찻집들을 떠돌며, 그는 자신이 더 이상 시를 쓰는 사람이 아니라 시를 흉내 내는 이가 되어가고 있음을 알고 있었다.

인사동의 골목 모퉁이에서 마주친 이들은 하나같이 말 잘하고 웃음이 빨랐다. 그들은 글로 사회를 논했고, 예술로 정의를 말했으나, 막상 자신들의 주머니에 들어가는 셈은 명확했다.

아버지는 그들의 지성을 흉내 내 보려 했지만, 그것은 도무지 영혼을 건드리지 못했다. 그가 떠나온 섬의 바람 속에는 아직 양심의 냄새가 남아 있었고, 바로 그 냄새가 지금 그의 가슴을 서늘하게 조이고 있어서다.

밤마다 그는 낙원상가 앞의 포장마차에서 소주를 마셨다. 글을 쓰려고 해도 문장이 나오지 않았다. 붓끝에서 새어 나오는 것은 고백이 아니라 궤변이었다. '지성의 빈곤'이라는 말이 그를 괴롭혔다.

그것은 시대의 병이자 그의 병이었다.

"사람들은 말뿐인 정의를 가르치며, 나 역시 그들의 교단에 서 있었다."

그는 종로의 불빛 아래서 혼잣말을 했다. 손끝에 묻은 먹물처럼, 부끄러움이 희미하게 번져갔다.

그날 새벽, 그는 한순간 자신이 떠나온 소안도를 떠올렸다. 겨울바람이 유자나무 사이를 지나던 저녁, 파도에 젖은 돌담 아래서 어머니가 그를 부르던 목소리. 그는 한세월 동안 그 부름을 외면해왔다.

아버지는 오랜 원고 중 하나를 펼쳤다. 거기엔 덜 지워진 문장 하나가 남아 있었다.

"지혜는 고향으로부터 멀어질수록 가난해진다. 나는 그곳에서 도망쳤다. 이제 그곳이 나를 부르는구나."

문장을 바라보다 그는 조용히 펜을 들었다. 새벽 종로의 불빛들이 창문에 반사되며 방 안에 금빛 물결을 만들었다. 그 속에서 그는 다시 '시'를 써야 한다는 생각보다는, '참회'를 써야 한다고 생각했다. 그것이 자신이 버린 섬과 육지의 거리 사이를 잇는 유일한 다리임을 느꼈다.

그날 밤 이후, 그는 종로를 걷는 걸 '순례'라 부르기 시작했다. 인사동 골목의 한서(漢書)와 그림들이 줄줄이 걸린 서점, 그리고 탑골공원까지의 길이 하나의 내면적 여정으로 이어졌다. 그는 매번 그 길 위에서 자신이 어떤 시대의 죄를 짊어진 한 개인임을 깨달았다.

그의 참회는 이제 시작이었다. 그리고 그 길 끝에는 언젠가, 다시 소안도의 바람이 기다리고 있을 터였다.

2
돌아가는 길의 문턱에서

봄비가 종로 거리를 흐릿하게 적시던 날, 아버지는 종묘의 돌담길을 따라 걷고 있었다. 돌담은 이끼와 시간의 색으로 젖어 있었고, 그의 마음도 그 돌담처럼 눅눅하게 스며들어 있었다. 그는 오래 묵은 죄책을 하나씩 되짚듯 걸었다. 단지 사회의 모순이나 문학의 허위를 탓할 수 없다는 것을 알고 있었다. 문장보다 먼저 썩은 것은 그의 양심이었다.

그는 무명작가로 지내던 동료 강 시인을 떠올렸다. 강 시인은 언젠가 인사동 다방에서 말했다.

"우리의 지성은 현실의 병이 아니라 변명이지. 변명은 결국 자기 구원의 언어를 죽이는 거야." 그 말이 그땐 귀에 들어오지 않았다. 하지만 지금은 그 문장이, 늦은 예언처럼 그의 가슴에 가시로 남아 있었다.

며칠 뒤, 그는 탑골공원 근처의 허름한 서점에서 섬 사진집을 발견했다. 그리고 인사동 한 갤러리 2층에서 '그 빛 속으로'라는 표제와 전시된 야경과 부산한 잿빛 해안선 위로 바람에 깃발이 흔들리고 있었다. 사진 속에 정박한 낡은 고깃배에 찰랑거리는 잔물결은 소안도 선창의 바람과 닮아 있었다. 순간, 그는 어린 날 수없이 그려대던 갈대밭 속의 나룻배 한 척과 노을빛을 떠올렸다. 퇴색한 기억 한 자락이 그의 마음에 다시 불을 붙였다.

그날 밤, 아버지는 종로의 좁은 하숙방 창문을 열고 바깥을 바라보았다. 바람이 불어와 서류 가방 위 낡은 종이를 흩날렸다. 허공에 흩어진 문장은 길게 이어진 참회의 기도였다.

"섬은 바다를 두르고 나를 가두었으나, 나는 도시의 말을 좇다가 나 자신을 잃었다."

그는 무릎을 꿇은 채 펜을 들었다. 처음으로 문장이 아닌 '기도'를 썼다. 단어 하나하나가 그를 고향으로 이끌었다. 그 기도는 이제 작품도 아니었고, 세상을 향한 외침도 아니었다. 그저 자신 속의 먼지를 털어내는 행위였다.

비가 그친 새벽, 그는 종로에서 남대문으로 이어지는 길을 걸었다. 도시의 불빛이 물기를 머금은 도로 위에서 반짝였고, 그 반짝임 속에서 그는 바다의 반사광을 보았다. 그제야 그는 깨달았다. 소안도와 종로는 결코, 멀지 않다는 것을. 섬의 바람과 도시의 빛은 모두 같은 하늘 아래의 파동이었다.

그는 마음속으로 결심했다.

"이제 돌아가야 한다."

돌아감은 단지 지리적 회귀가 아니라, 영혼의 정화를 의미했다. 그는 도시의 언어를 내려놓고, 바다의 침묵으로 돌아가야 했다.

그날 저녁, 그는 가방 속에 든 모든 원고를 모조리 찢었다. 흩어진 종잇조각이 방 안에 떠돌았다. 그것은 문학의 잔해였지만 동시에 회심의 조각이었다.

그는 잠시 눈을 감고 생각했다. '안도의 바람이 불어오면, 나는 그 바람 속에서 다시 태어나리라.'

그리고 그날 이후, 종로는 그에게 단순한 공간이 아니었다. 그것은 회심의 문턱이자 귀환의 길이었다. 도시의 소음은 더 이상 그를 짓누르지 않았다. 오히려 그 소리 안에서 그는 조강 물 파도 소리를 들을 수 있어 마음이 평온했다. 인간의 타락을 견딘 언어가, 마침내 침묵 안에서 되살아나는 순간이었다.

3
불빛 아래의 젊은이들

비가 쌀쌀하게 내리는 저녁, 종로의 포장마차 거리를 따라 붉은 천막들이 줄지어 있다. 아버지는 퇴근 뒤 늘 그렇듯 낡은 가죽 가방을 들고 그 천막들 사이로 들어섰다. 유리잔에 흘러내린 소주 빛이 생선 비늘처럼 번들거렸다. 그는 문득 떠올랐다. 고향 소안도의 바닷가에서 공을 차던 아들. 그 아이들의 웃음소리가 한참 전 모래 위에서 바스러지며 흩어졌다.

포장마차 여기저기서 웃음소리가 새어 나왔다. 술과 불신과 허무가 엉겨 있는 웃음이었다. 때마침 포장마차의 비닐을 젖히고 들어온 젊은이 몇이 자리를 잡았다. 청년들은 시위 구호가 인쇄된 티셔츠를 입고 있었다. 그들은 세상을 바꾸겠노라 외쳤고, 잔을 부딪치며 이상을 논한 때 그들의 말은 뜨거웠다. 그는 그 열기 속에서 자신의 부끄러움을 되새겼다. 그도 젊을 적엔 세상을 바꾸겠다고 생각을 가졌었다. 그러나 세상을 핑계로 자신을 바꾸지 못한 사람이었다.

한 청년이 말했다.

"선생님들 세대가 만든 부조리, 우리가 다 치워야 해요."

그 말에 아버지는 미묘하게 웃음을 지었다.

"부조리를 만든 건 우리지만, 부조리를 먹고 자란 건 너희야."

대화는 곧 논쟁이 되었다. 청년은 흥분했고, 술잔이 넘어졌다. 포장마차 안을 채운 소음 속에서 잠시 침묵이 흘렀다.

그 순간 아버지는 청년의 눈빛 속에서 오래전 자신의 모습을 보았다. 이상을 말하면서도 마음 한편엔 도피의 욕망이 섞여 있던 그때의 자신. 그리고 그 청년의 손짓, 그 분노의 떨림이 낯설지 않았다.

아버지는 낮은 목소리로 말했다.

"너희는 나처럼 되지 마라. 말이 아니라, 삶으로 싸워라. 나는 시로 세상을 바꾸려다, 시 앞에서 무너졌다."

포장마차 바깥에서 봄비가 다시 내리기 시작했다. 천막 위로 떨어지는 빗소리가 마치 누군가의 통곡처럼 들렸다. 청년들은 조용히 자리에서 일어섰다. 그중 한 명이 남은 소주 한 병을 아버지 앞에 두며 말했다.

"선생님, 다음엔 우리와 함께 시를 읽어주세요. 세대가 다르지만, 하루쯤은 같은 자리에서."

그 말을 듣는 순간, 아버지는 알 수 없는 감정에 휘감겼다. 다툼이 아니라 대화로의 첫걸음, 그것이 진짜 회심의 시작이었다. 그의 내면에서 오랫동안 닫혔던 문이 서서히 열렸다. 그는 자신이 젊은이들과 대립하는 존재가 아니라, 그들의 고통을 미리 살아본 세대라는 사실을 깨달았다.

밤이 깊어 종로의 불빛이 하나둘 꺼질 무렵, '소안도에서 종로까지, 나는 이제야 인간의 거리를 배운 것 같다.'고 그가 혼잣말을 중얼거렸다.

그는 남은 소주를 천천히 들이켰다. 마음속에서 오랜 침묵이 녹아

내렸다. 이제 그의 참회는 개인의 기도에서 벗어나 공동의 회심, 세대 간의 화해의 언어로 바뀌려 하고 있었다.

그는 비로소 아들을 떠올렸다.

'이제, 내가 그 아이에게 미안하다는 말을 쓸 수 있겠다.'

새벽 2시 아버지는 종로의 끝, 청계천 다리 아래로 걸음을 옮겼다. 물빛이 유리처럼 반사됐다. 그는 그 앞에 서서 조용히 속삭였다.

"나는 아직 멀리 가지 않았다. 이 길이 다시 섬으로 이어지길."

4
'비틈'의 밤

겨울의 종로는 얼음장 같았다. 새벽 공기는 유리처럼 단단했고, 사람들의 숨마저 얼어붙은 듯했다. 골목 끝에는 '비틈'이라는 선술집이 있었다. 누렇게 빛나는 등불과 낡은 나무문이 외로움을 감싸 안듯 흔들리고 있는 그곳으로 아버지는 걸음을 옮겼다. 문을 여는 순간, 따뜻한 증기와 함께 술 냄새가 그를 덮쳤다.

그는 낯이 익은, 목소리로 주문했다.

"파 지짐과 깻잎 붙임 하나, 그리고 처음처럼 소주 한 병."

기름 튀는 소리와 알코올의 냄새, 그것들은 그에게 언제나 '아버지의 냄새'였다. 뜨거운 철판 위에서 파와 부침이 익어가는 사이, 그의 마음속에서 오래전의 기억이 되살아났다.

'소년의 손을 잡고 항구를 걷던 그 저녁.'
그의 아버지는 말이 적었다. 대신 소주 한 잔을 마시며, 바다를 바라보았다. 파도가 부서질 때, 아버지의 눈동자는 언제나 먼 곳을 향했다. 아들은 그 눈의 방향을 이해할 수 없었다. 단지, 그 침묵이 무섭고, 외로웠다.

이제, 그가 그 자리에 앉아 있다.

술잔을 들어 올린 손끝이 자꾸 떨렸다. 그 순간, 문이 열리고, 사내 하나가 들어왔다. 낡은 모직 코트를 입은, 그의 아버지였다. 아버지는 아무 말 없이 맞은편에 앉았다. 그리고 부침개를 젓가락으로 집어 들며 중얼거렸다.

"술은 쓰지만, 외로움보다는 낫지."

그 한마디에 그의 눈이 젖었다. 그는 알고 있었다. 바로 그 말을, 어린 시절 아버지가 그물을 깁던 부두에서 쓰디쓰게 내뱉던 말이었다. 둘은 말없이 술을 마셨다. 시간은 고요히 눈처럼 내려앉았다.

그는 문득 자신의 손등을 보았다. 그 손 모양이, 그가 그토록 미워하며 닮고 싶었던 '아버지의 손'이었다.

그는 중얼거렸다.

"아버지, 나는 당신의 술을 물려받았습니다. 피처럼, 운명처럼."

그의 아버지는 잔을 들고 미소를 지었다. 눈빛은 따뜻했으나, 그 안에는 슬픔이 깃들어 있었다.

밤이 새고, 날이 밝기 시작하자 선술집의 불빛은 서서히 꺼졌다. '비틈'의 유리창 틈새로 여명이 번졌다. 그러나 그가 깨어났을 때, 맞은편의 자리는 비어 있었다. 텅 빈 잔 하나만 덩그란히 남아 있었다.
그는 머리를 감싸 쥐었다. 전날의 술기운이 아니라, 대물림된 공허감이 그를 짓눌렀다. 술은 단순한 향락이 아니라, 결핍과 고독의 유전이었다. 피보다 끈질기게 이어진 중독의 사슬이었다.

그는 그날 기록장에 이렇게 썼다.

"나는 아버지를 탓했지만, 결국 그 아버지를 복제하며 살았다. 술은 나의 피이고, 피는 미움과 사랑이 뒤섞인 잔이다."

창밖엔 하얀 서리가 내리고 있었다. 종로의 골목이 얼음빛으로 뒤덮였다. 그는 천천히 자리에서 일어나, 빈 잔을 닦았다. 그것은 마치 아버지의 얼굴을 닦아내는 행동처럼 느껴졌다.

밖으로 나섰을 때, 이른 아침 햇빛이 좁은 골목 사이로 스며들었다. 얼음 사이로 빛이 번졌다. 빛은 마치 균열 같았다. 그는 그 틈을 '비틈'이라 부르기로 했다. 눈물과 술 사이, 미움과 사랑 사이,

인간이 살아남을 수 있는 단 하나의 틈–새, 회심이 스며드는 틈이
었다.

5
비틈의 아침

봄바람이 종로 골목의 얼음을 녹이고 있었다.
한때 선술집이었던 '비틈'의 끄트머리 간판이 새로 달렸다.

"국수와 파전, 막걸리."

그는 그 간판 앞에서 한참을 서 있었다.
이제 이 집은 술로 사람을 잊게 하는 곳이 아니라, 술로 사람을 이어주는 곳이 될 터였다. 주방 안에서 불이 켜지고 냄비가 끓었다.
그는 국수를 삶았다. 하얀 면발이 물속에서 춤을 추듯 돌아다녔다.
옆에서는 파전이 익으며 지글지글 소리를 냈다.
그 소리가 마치 지나간 세월의 굽은 날들을 펴주는 듯 들렸다.

이제 그의 술은 독주가 아니었다.
불그스름한 소주 대신, 그는 막걸리 단지를 꺼냈다.
곡식과 누룩이 만나 발효된, 땅의 냄새와 사람의 온기가 남은 술,
그는 그것을 '곡주'라 불렀다.

"이젠 독한 술이 아니라, 나눌 수 있는 술이어야지."

그렇게 그는 중얼거렸다.

그날 저 '비틈'에는 여러 얼굴이 모였다.
현장 일을 마친 청년, 원고를 품은 시인, 하루 종일 손님을 맞던 상인들.
그들은 국수를 먹고 막걸리를 나누며 웃었다.
도시의 먼지를 뒤집어쓴 피로한 얼굴 위로 따뜻한 숨결이 번졌다.

한 대학생이 물었다.
"사장님, 예전엔 이 집 술이 아주 독했다던데요?"

그는 잠시 웃었다.

"그래, 예전엔 독주였지. 그땐 사람을 잊기 위해 마셨다.
이젠 막걸리야. 사람을 기억하기 위해 빚는 술이지."

벽에는 여전히 낡은 사진이 걸려 있었다.
노인과 청년이 좁은 탁자에 마주 앉은 모습,
그가 기억 속에서 본 아버지와 닮은 희미한 사진이었다.
그는 그 사진을 바라보며 생각했다.

'이젠 술이 아버지를 닮았지만, 더 이상 나를 해치지 않는다.'

밤이 깊어갈수록 막걸리의 단내가 천천히 퍼졌다.
그것은 비로소 '소리 없는 대화'의 냄새였다.
한 잔의 술이 사람과 사람 사이의 틈을 메우고 있었다.

이곳이 이제 진정한 비틈이다.

세대의 균열 사이로 삶의 바람이 드나드는 그 자리였다.

문을 닫는 시간, 그는 항아리 뚜껑을 덮으며 속삭였다.

"이제는 곡식의 술로 살겠다.
독하지 않은, 오래 발효된 마음으로."

문을 나서며 그는 하늘을 바라봤다.
봄비가 부슬부슬 내리고 있었다.
그는 그 비가 막걸리의 누룩이 되기를,
삶의 쓴 시간들이 발효되어 달고 깊은 맛으로 남기를 바랐다.

비틈의 불빛이 다시 밤거리를 덮었다.
불빛은 더 이상 외로움의 잔에서 번지는 것이 아니었다. 곡주의 향처럼, 느리고 따뜻하게 세대를 묶는 구원의 냄새였다.

6
바람이 지나간 자리에서

종로의 봄이 깊어갈 무렵, 나는 오랜만에 '비틈'을 찾았다.
낡은 골목 입구에 걸린 간판엔 여전히 그 이름이 남아 있었다.

"비틈 – 국수와 파전, 막걸리"

예전엔 술 취한 이들이 몸을 끌고 들어오던 문이었지만, 지금은 젊은이들이 웃으며 드나드는 문으로 바뀌었다.

문을 열자 익숙한 냄새가 향수처럼 밀려왔다.
파전의 기름 냄새, 막걸리의 단내, 그리고 사람들의 온기…

구석 테이블엔 아버지가 앉아 있었다.
예전보다 머리가 하얘졌고, 표정은 훨씬 부드러워져 있었다.

"왔구나."

그 한마디에 오래된 해빙이 느껴졌다.
나는 아무 말도 하지 못한 채, 국수를 한 젓가락 들어 올렸다.
국물은 따뜻했고, 그 속에 많은 세월이 녹아 있었다. 아버지는 미소를 지었다.

"이젠 내가 할 일은 끝난 것 같다.
이 집은 내 손보다, 젊은 손들이 꾸려야겠지."

그의 시선은 젊은이들 쪽으로 향했다.
그들은 주방에서 국수를 삶으며 노래를 흥얼거렸다.
그 노래는 바람이 골목을 스쳐 가듯 맑았다.

그날 밤, 그는 술잔 하나를 내밀며 나를 바라봤다.

"이건 이제 막 내가 빚은 막걸리다.
마셔라. 그 안엔 내 지난 세월의 쓰고 단 것이 다 들었다."

나는 조용히 잔을 들었다.

그 맛은 이상하게도 눈물이 났다.
쓰지 않아서, 달지 않아서…그 양쪽 모두가 있었기 때문이었다.

며칠 후,
그는 정말로 종로를 떠났다.
나는 새벽의 골목에서 그가 마지막으로 가게 문을 닫는 모습을 바라봤다.
그의 등 뒤로 바람이 불었고, 간판의 종이 살짝 흔들렸다.

그는 잠시 고개를 돌려 그 옆집 마실을 보고 웃었다.

"이젠 글을 다시 써야겠다.
비틈이 내 시의 마지막 행이고,
소안도가 다시 첫 행이 되겠지."
.
.
그가 떠난 뒤, 비틈은 여전히 불을 밝혔다.
젊은이들이 그의 자리에 앉아 국수를 삶고, 파전을 부치고, 막걸리를 덜었다. 그들은 가끔 벽에 걸린 사진을 보며 말했다.

"저 분이 이 집을 되살린 분이래.
글로 사람을 살리는 시인이었대."

봄이 지나 초여름이 되자, 소안도에서 편지 하나가 왔다.
바람에 젖은 듯한 글씨로 적혀 있었다.

"섬의 바람은 아직 따뜻하다.
나는 이제 바다를 본다.
그 너머에 아직도 이어진 종로의 불빛이 보인다."

나는 편지를 가게 벽에 붙였다.
그리고 막걸리 항아리를 열었다.
거기서 나는 바람 냄새를 맡았다.
그것은 아버지의 숨결 같았다.

그는 결국 도시의 상처를 곡주의 향으로 정화한 사람, 그리고 다시 섬으로 돌아가 마지막 시를 쓰는 시인으로 남았다.
.
.
.

밤마다 나는 비틈의 문을 닫으며 생각한다.
술잔과 국수 그릇, 젊은 웃음과 노인의 침묵,
그 모든 것이 이어져 하나의 시가 되어가고 있음을.

그리고 나는 아직도 믿는다.
언젠가 소안도의 언덕 위,
아버지가 다시 펜을 들어 바람의 행을 쓸 때,
그 첫 구절은 이렇게 시작될 것이다.

- "종로에서 나는 사람을 배웠다. 그리고 종로에서 소안도로 말 달리다"

그의 이야기는 여기서 끝나지 않는다.
소안도의 바람은 아직 그를 부르고,
그는 그 바람의 결을 따라 다음 문장을 쓰기 시작했다.

귀향록 – 바람과 밥과 사람에 대하여.'

바다의 흰 파도와 갯마을의 어둠,
그 속에서 나는 다시 처음의 펜을 잡는다.
그리고 천천히, 아주 천천히 적어 내려간다. 비틈에서 시작된 그 시는 이제 섬의 빛과 흙으로 이어질 것이다. 이글은 끝이 아니라, 다시 살아나는 글씨었다.

7

그가 떠난 지 몇 해가 지났다.
종로의 '비틈'은 여전히 문을 열고 있다.
그러나 그 문간에 걸린 간판 아래에는 작은 쪽지가 붙어 있다.
누군가의 필체로 이렇게 적혀 있었다.

"나는 소안도로 돌아간다.
이제 바다가 문학이 될 것이다."

그는 결국 섬으로 돌아갔다.
배멀미를 이기지 못하면서도 다시 바다를 택했다.

섬의 첫 새벽, 그가 오래된 집 대문을 열자, 짠바람 속에서 낯선 평화가 그를 맞았다. 그는 잠시 눈을 감고, 종로의 불빛과 젊은이들의 웃음을 떠올렸다. 포장마차에서의 웃음이, 도시의 소음보다도 더 선명하게 들렸다. 그는 낡은 책상 위에 새 원고지를 펼쳤다. 연필로 제목을 단 한 줄을 썼다.

"귀향록(歸鄕錄)" – 바람과 밥과 사람에 대한 술회.'

그가 쓰는 새 글은 섬에서 태어나
도시를 향했던 발길을 되돌려 다시
도시의 죄책에서 태어나,
섬의 평원으로 향했다.

앞으로 그가 쓸 이야기는 소안도의 갯내음과 동백꽃 혹은
유자꽃과 석화의 물결처럼 여러 언어로 이루어질 것이다.
이제 그는 세상에서 멀어진 작가가 아니라,
세상이 흘러들어오는 자리에 앉은
돌고 돌아 다시 섬망에 돌아온
해리된 시인이라 한다.

그리고 지금,
현재의 시간이 느리고 단단하게
그를 감싸며, 그의 펜 끝에서 작은
소망의 바람이 다시 불기 시작했다.

그 바람이 첫 장이 들려줄 것이다.
　'비 틈'에서 시작된 한 인간의 참회가

어떻게 바다의 빛으로 변해가는지를.

8
소안도 조강 날

겨울의 바다는 유리 조각처럼 투명했고,
그 위를 까마귀 한 마리가 날았다. 시인은 소안도에 버려진
옛 가옥에 들어가 살았다. 문짝은 바람에 쩍쩍 갈라졌고, 그의
몸이 그 틈처럼 일그러져 있었다. 그는 시를 쓰려고 했으나
단어마다 삐걱거림이 묻어나, 종이를 접어 바다에 던졌다.
썩고 바래고 남은 것은 '향수', '믿음', '기다림'과 같은
짧은 숨과 몇 개의 단어뿐이었다. 그는 이 말들이
이미 자기 피와 섞여 있다는 걸 뒤늦게 깨달았다.

밤이면 그는 등불을 켜고 갈까마귀의 울음을 기다렸다.
까마귀는 그를 놀리듯 지붕 위에 내려앉아 울었다.
"너의 시는 아름답지만, 아무것도 구하지 못했어."
새는 그렇게 말했다.

그는 몸을 굽혀 시체처럼 눕는다.
뼈가 뒤틀리고, 살이 눌려 고통으로 변할 때마다
그는 침묵 속에서 문장을 찾으려 했다.

그러나 아무 말도 나오지 않았다.
아름다움은 이미 남의 것이었고,
그의 언어는 차갑게 식어 있었다.

바다에서 불어온 바람이 얼굴을 때렸다.
그는 그것이 자기 문학의 목소리인 듯 느꼈다.
바람의 산문. 파도의 시. 모든 것이 말없이 쓰이고 있었다.

그는 생각했다. '나는 재능은 있었지만, 생각이 없었다. 나는 보았지만 느끼지 않았다.'

그때 갈까마귀가 다시 울었다.
그것은 장송곡처럼 긴 울음이었다.
그는 손끝을 떨며 노트를 찢었다.
수많은, 조각들이 허공으로 흩어져
검은 날개처럼 날았다.

달빛 아래에서 그는
그 조각들을 따라 걸었다.
언어는 그를 구속하는 쇠사슬이었고,
지성은 부재한 신의 그림자였다.

새벽이 오자 바다는 자갈 빛으로 굳어 있었다.
그는 해변에서 무릎을 꿇고, 모래를 한 움큼 쥐었다.
그것이 흙인지 피인지 알 수 없었다.
손안에 남은 건 미세한
소금기뿐이었다.

　"이 고통이 나의 지성이라면, 나는 그것을 껴안겠다."

그가 중얼거릴 때, 등 뒤의 까마귀가 낮게 울며 하늘로 올라갔다.
바람이 갈라진 창문 사이로 스며들었다.

그는 자신의 몸에서 일그러진 부분을 느꼈다.
그것은 단순한 병이 아니었다.
그의 문학이 기형으로 자라난 자리였다.

그는 마지막으로 펜을 들어 썼다.

"나는 이제야 안다. 지성은 머리가 아니고, 상처다."

그리고 조용히 웃었다.
그 웃음은 피로 엉겨 붙은,
하나의 시처럼 바다에 흘러갔다.

9

그가 병든 몸을 이끌고 소안도로 내려온 후 그리고 자신이 한때는 문학을 했다는 생각이 남아있는 줄 알았다. 그러나 어찌 된 일인지, 이제는 입술이 굳어 말도 시도 남지 않았다.

서울의 논문과 담론, 공모전의 찬란한 말들이 무엇이었는지 그는 도무지 기억나지 않았다.
불빛 없는 선착장에서, 까마귀 한 마리가 검은 날개를 접고 앉아 있었다. 그는 맨날 조강 날 짝지에 나가 멍하니 시를 구상하다 섬에 남은 한 칸짜리 빈집에 다시 들어가 눕는다.

매일밤 창문이 흔들리고, 바람이 문장처럼 들어왔다.
몸은 이미 반쯤 부서진 기계 같았다.
지성이라는 단어가 머릿속을 스친다.

"그건 머리가 아니라 태도라더라."

그가 혼잣말처럼 중얼거렸다. 하루하루 섬은 빈 그릇처럼 비어갔다.
마을 사람들은 새벽에 고기를 잡으러 나가고,
그는 그들이 떠난 자리에서 몸을 웅크렸다.
자기 문학이 이 땅의 현실과 아무런 상관없었다는 사실이
그의 속을 문드러지게 했다.
언제나 자신의 말은 깨끗했지만, 세상은 더러웠다.
이제 그 더러움 속에 자신이 들어 있어야 했음을
늦게 깨달았다.

그는 하루에 한 끼를 먹고, 나머지 시간은 바다를 바라봤다.
갈까마귀 한 마리가 늘 지붕 위에 내려앉았다.
그 새는 욕하듯 울었다.

"너는 사람이 아니야. 생각만 남은 그림자야."

그는 그 말이 들린 듯 눈을 감았다.
뼛속까지 스며든 한기가 더 이상 통증으로 느껴지지 않았을 때,
그는 조용히 펜을 들었다.

"나는 이 나라의 지식인이었다.

깨끗한 말로 더러운 현실을 덮으며 살았다.
이제 그 말 아래 내가 묻힌다."

문장 끝마다 손이 떨렸다.
글씨가 울퉁불퉁하게 젖어 서 있었다.
그는 마지막 힘으로 종이를 말아 켰다. 불길이 일었다.
연기가 좁은 방 안에서 맴돌았다.
그 속에서 까마귀가 창문을 뚫고 들어왔다.
검은 날개가 불빛에 비쳤다. 그는 고개를 들었다.

"언어는 끝났고, 이제 이 몸이 남았다."

그는 웃지 않았다. 입가에서 흘러나온 건 피 같은 침이었다.
바다 저편에서 아침이 느리게 올라왔다.
갈까마귀는 그의 옆에서 잠시 울다가 하늘로 날아올랐다.
섬은 다시 조용해졌다.

10

봄이 와도 바다는 여전히 차가웠다.
그의 무덤 곁에는 이름 없는 돌비 하나가 놓여 있었다.
섬사람들은 그를 '서울서 온 글쟁이'라 불렀다.
아무것도 남기지 않았다고 생각했지만,
마을 아이들은 여전히 지붕 위에서 까마귀의 그림자를 그렸다.

그의 아들은 매주 종로 비틈에서 술을 빚었다.

아버지가 남긴 노트 한 권을 품에 안은 채였다.
노트 속에는 찢겨나간 문장들, 미완의 문단,
그리고 한 줄,

"나는 나를 고발하기 위해 글을 쓴다."

문을 닫고 집으로 돌아가는 차 안에서 그는 그 문장을 계속 읽었다.
회의주의자였던 아버지가 왜 마지막에
 '자복'과 '중도'를 말했는지 이제야 조금 알 것 같았다.
지성이라는 말이,
사람을 구하지 못할 때 그건 책임의 다른 이름이 된다는 것을.

그날 밤, 그는 세상의 중심이라 불리던 종로의 네온 불빛 아래를 걸었다.
자판기 유리에 비친 얼굴에 아버지의 그림자가 겹쳤다.
그는 두 손으로 얼굴을 감싸며 낮게 중얼거렸다.

"이제는 우리가 써야 한다.
그의 고통이 우리의 언어로 번역되기 전,
세상이 다시 귀를 닫기 전에."

그날 밤, 도로의 차들이 발하는 불빛이 얼음처럼 번쩍였다.
그 틈에 비틈으로 도시의 지식인들이 모여들고 있었다.
그들은 학회와 포럼을 하고,
국가와 시대의 운명을 논했다.

그러나 한 구석에서 누군가 속삭였다.

"우리는 결국 아무것도 하지 않았다."

그 말을 한 이는 아버지의 옛 제자였다.
소안도에 다녀온 뒤부터 그는 세상 사람들과 말을 잘 하지 않았다.
그의 눈에는 늘 피로가 서려 있었다.
술자리가 끝난 밤, 그는 종로 화장실 바닥에 앉았다.
휴대폰 불빛 아래, 아버지의 문장이 깜박거렸다.
'나는 나를 고발하기 위해 글을 쓴다.' 그는 손끝으로 그 문장을 클릭하듯 더듬었다.
그러나 이 도시의 화면은 너무 밝았고,
인간의 마음은 그 빛에 타들었다.
신문의 기사, 토론의 각본, 문단의 언어들은
모두 무명布처럼 닳아 있었다.

그는 비틀거리며 밖으로 나왔다.
새벽 안개 속에서 갈가마귀 한 마리가 깃을 털었다.
그 순간 그는 아버지를 보았다.

"이 도시의 말은 여전히 공허하다.
나는 아직도 그 무거운 문장을 쓰고 있다."

말은 금새 바람에 흩어졌지만,
그의 가슴 안에서는 불씨처럼 남았다.

11
도시의 자복

11월의 공기가 뼈처럼 얇았다.
종로 거리의 사람들은 모두 스마트폰 화면 속으로 굽어 있었다.
그는 도서관 3층 창문 앞에 서 있었다.
아버지가 떠난 날, 바다로 흘려보낸 종이 조각들이
어쩌면 지금 이곳 공기 중에도 남아 있을 것이라는
어리석은 믿음 때문이었다.

그는 문단에서 손을 뗐다.
대신 젊은 작가들에게 국수말아먹는 방법을 가르쳤다.
그들에게는 문학보다 생계가 중요했고,
그는 그 사실을 고통스럽게 알았다.

"지성은 태도의 문제"라던 아버지의 말이
이제는 유행이 지나간 문장처럼 들렸다.

어느 새벽,
그는 강의 후에 홀로 광화문 거리를 걸었다.
갈가마귀가 머리 위에서 울었다.
그 소리는 도시의 천장 위에서 반사되어
철골 구조물을 따라 울렸다.

그는 멈춰 섰다.

"나는 아버지의 상처를 이해하지 못했다.
지성의 부재는 내게도 유전되었구나."

그는 눈을 감고, 길바닥의 차가운 돌 위에 무릎을 꿇었다.
멀리서 새벽 첫 버스가 들어왔다.
휑하게 지나는 바람 속에서, 소안도에 계시는 아버지가 속삭였다.

"이 도시가 우리의 문장이 되어야 해.
우리는 이제 그 문장을 함께 써야 한다."

그는 펜을 꺼내 조심스럽게 썼다.
 '소안도에서 시작된 한 문장이
지금 이 도시의 갈까마귀 울음으로 이어진다.'

그날 이후,
누군가는 종로 네거리의 한 벽면에서
그 문장을 발견했다고 했다.
낡은 콘크리트 위에,
손끝으로 쓴 듯한 글씨 한구절.

"종로에서 소안도로, 말달리다"

✺

� 2장

소안도 돌풍

《소안도 돌풍》

돌풍은 섬의 가장자리에서 아직도 400번 넘는 계절을 회오리치며 헤맨다. 파도는 그 시절의 울분을 씻어내지 못한 채 바위에 부딪히며 흰 이빨을 드러낸다.

한 소년이 종로에서 아버지의 이름을 부른다. 그러나 대답은 늘 파도 소리뿐이었다. 소안도는 말이 별로 없는 섬이다. 침묵이 항거의 언어기 때문이다. 사람들은 '작은 섬'이라 부르지만, 작음을 견딜 수 없는 크기의 슬픔으로 키운 소안도, 사람들은 이곳의 돌과 바람, 골짜기마다 누군가의 희생과 눈물이 배어 있다.

― 내 아버지는 그 눈물 속으로 사라졌다. 일제의 징용 명단에 찍힌 이름 하나. 출항의 새벽은 잿빛이었고, 바다 너머로 떠나는 배는 아무 말 없었다. 남은 건 삭은 옥수수죽, 그리고 빈 방 한 칸이다. 어머니는 그 방 앞에서 하루 종일 바람을 막았고, 큰 누이는 그 곁에서 자라났다. 그러나 살아 있는 것도, 자라는 것도 부끄럽게 느껴졌을 터 아버지의 손길 없이 크는 아이는 애써 울음을 삼키며 사람 구실을 배워야 했다.―

밤마다 바다에서 들려오는 소리는 귀를 찢었다. 어머니의 기도는 그 소리에 묻혀 사라지고, 누이는 물끄러미 조강 날 앞바다를 바라만 보았다. 바다는 돌아오지 못한 이들의 무덤이었다. 바람이 그들의 이름을 뿌리고 갔으며, 별빛은 남겨진 이들을 위로하기 위해 밝기만 했다.

소안의 항일운동은 그 바람 속에서 피어났다. 누군가는 낫을 들고, 누군가는 깃발을 들었다. 그들의 노래는 탄식과 같았고, 그때의 울음은 침묵보다 단단했다. 사람들의 땅 위에서 사람들은 사람이 되기를 포기하지 않았다.

― 아버지의 부재는 우리에게 절망이었지만, 동시에 저항의 이유였다. 아버지가 십 년 만에 돌아와 산소에 밤나무를 심고 열 번째 밤을 수확하여 다시 밤톨을 까기까지 지금 나는 소안도 섬을 다시 걷는다. 파도는 여전히 분노하고, 바람은 여전히 묻는다.
"너희는 이제 기억을 끝낼 준비가 되었느냐." ―

나는 조용히 대답한다.
"아버지, 그대의 부재는 우리의 바람이 되었습니다. 우리는 오늘도 숨 쉬며 그 항거를 이어갑니다."

소안도의 바람은 그날처럼 거칠어도 그 안에는 이제 슬픔만이 아닌 생명의 숨결이 있다. 그것이 바로 우리가 잃지 않으려는 조국의 얼굴이다.

《종로에서 소안도 아버지 산소까지》

시인의 말이 길 위에 오래 머물렀다.
안개 속에서 멈춘 배, 조강 날 바닷가
모래가 자글거리는 소리, 완도장여관의 저녁 냄새,
이 모든 것들이 이름 없는 거리로 겹쳐졌다.

멀어져 봐야, 한 눈이지만, 그 거리는 저마다의 시간과 슬픔으로 펼쳐진다. 아버지 산소 앞의 침묵, 돌아오는 버스 창에 맺힌 물방울들은 잊고 있던 내 마음의 모서리를 조용히 두드리다 안개가 걷히면, 길이 열린다는 사실 하나만으로 나는 다시 걷고, 발자국들이 떠난 자리마다 조금씩 밝아지는 이름들을 기억한다.

안개의 거리, 안개는 길 위에서 늘 나를 멈추게 했다. 방향을 잃은 새처럼 나는 부두 끝에서 서성거렸다.

손끝으로 바다를 더듬으면 물결이 나를 젖히고, 소리를 삼킨 해초 냄새가 폐 안쪽까지 들어왔다. 멀어 봤자, 눈 한 간인 미라리, 그 짧은 거리 속에 수십 해의 공백이 있었다. 조강 날 짝지밭에 바닷물이 자글거리며 귀 안쪽을 흔들었다.

안개는 바다의 숨결이었고 기억의 모서리였다. 그 사이 어딘가에 아버지의 이름이 있었다. 나는 그 이름을 향해 한 걸음 한 걸음, 보이지 않는 길을 걷는다.

안개가 걷히는 순간, 모든 방향이 제자리를 찾고 침묵이 목소리가

된다. 아버지 산소를 찾아가는 서울은, 소안도 그 길 위에서

아버지 산소를 찾아가는 서울은, 소안도 그 길 위에서

《미라리 아침》

새벽 다섯 시, 첫 배가 기적을 울린다. 안개가 밀려나며 물 위가 길을 낸다. 배는 천천히 파도를 헤치고 섬들의 어깨를 지나간다. 바닷바람이 이마를 스친다. 손끝에 염분이 묻는다.

미라리, 돌담 낮은 마을. 산호색과 갯 잎이
돌 틈마다 고개를 내민다. 조강 날 짝지 밭엔
물결이 자글거리며 요리조리 숨는다. 그 소리,
아버지 목소리를 닮았다.

산길로 접어드는 한굽이, 슬레이트 지붕들이
안개에 잠기고, 젖은 흙내가 콧속을 적신다.
묘역에 서니, 풀잎마다 이슬이 맺혀 햇살을 묵묵히 삼킨다.

돌비의 이름 위로 손바닥을 올린다.
차가운 감촉 속에서 심장이 천천히 내려앉는다.
"아버지, 길이 열렸습니다." 그 한마디가 바람 속에 풀린다.

멀리서 배의 기적이 다시 울리고, 음영이 물결 속으로 천천히 가라앉는다. 정오의 햇살이 부두의 그물 위를 비춘다. 갈매기들이 밧줄

사이로 날아들고, 배는 다시 출항을 기다린다.

나는 배 뒤편에 서서, 섬의 윤곽이 멀어지는 걸 본다. 안개가 초록빛으로 변한다. 그 속에서 아버지의 산소가 점처럼 숨는다.

서울까지 가는 길은 기나긴 물결 같다. 버스 창에 비친 얼굴, 그 아래 번지는 바닷빛. 귀 속엔 아직도 짝지 밭의 자글거림이 머문다.
그건 파도의 음성인지 아버지의 인사인지 모른다.

길 끝, 해 질 녘의 고속도로에서 나는 두 눈을 감는다. 멀리서 누군가, 나를 부르는 듯, 소리 없이 짙은 안개 바다가 내 안의 바다에 닿는다.

있음은 내 속으로 물러나고, 없음은 조용히 이슬에 스며든다. 는개는 숨 사이의 쉼이다. 뿜으면 흩어지고 들이키면 머문다. 잡으면 흩어지고, 놓으면 머문다. 길이 보이지 않아도 길은 있다.

눈앞이 가려져야 그 너머를 보는 마음이 생긴다. 청춘도 사랑도, 붙잡히지 않은 채 스스로 빈 자리를 채우며 사라진다.

해도 해도 는개는 사라지는 것이 아니라, 수증기로 흩어지며 구름은 온 세계를 품는다.

《소안도를 떠나는 길》

아침 들판을 덮은 는개를 보고 느끼는 감정은 묘하다. 분명 거기 있다. 그러나 손을 뻗으면 저만치 물러나고, 가만히 손을 내리고 가만히 바라보면 안개는 내 발목까지 다가와 있다.

소년의 기개는 는개의 그 은밀한 움직임을 닮았다. 보이는 것과 보이지 않는 것, 있음과 없음의 문턱에서만 드러나는 세계를 담고 있다.

읽다 보면 붙잡지 못하는 것에 대한 갈망이 차츰 잦아든다. 오히려 놓아야만 머문다는 역설이 마음에 스며들고, 그 순간 삶의 여러 장면이 겹쳐 떠오른다.

지나쳐 가버린 사람들, 잡지 못했던 인연, 애써 잊으려 했으나 끝내 마음 한곳에 머물러 있던 기억들이 는개처럼 피어오른다.

시는 기어코 시야가 가려질 때야 비로소 보이는 것이 있다고 써야 한다. 그것은 단지 안개 속 풍경의 이야기만이 아니다. 마음속 깊은 곳에 가라앉아 있던 질문과 답도, 때로는 뚜렷함보다 흐릿함 속에서 모습을 드러낸다.

마치 선(禪)의 가르침처럼, 명확함을 내려놓아야 오히려 본질에 닿는 듯, 는개는 사라지는 것이 아니라 흩어지며 세상을 감싼다. 붙잡을 수 없는 것 속에서 우리는 온기를 느끼고, 멀어지는 순간에야 그것이 한 번도 떠난 적 없다는 사실을 깨닫는다.

삶과 사랑, 그 모든 관계가 이런 는개와 같다는 깨달음이 조용히 마음을 적신다.

시를 덮고 나도 눈앞에 안개가 깔린 듯 시야가 조금 흐려진다. 흐림은 불편이 아니라 평온이다. 보이지 않는 사이, 안개가 흐린 사이, 나는 오히려 많은 것을 보고 있었음을 깨달아 본다. 어허 형어어~

《내 마음속 아버지의 바다》

서울역의 새벽, 경적소리가 첫 약속처럼 울린다. 나는 바퀴의 속도에 몸을 맡기고 창밖의 풍경을 한 겹씩 벗긴다.

고속도로의 신호판들이 이별처럼 파랗게 흘러가고, 들판의 허공엔 새들의 날갯짓이 맺힌다.

강진을 지나며 먼바다 냄새가 창턱에 눕는다.
논둑 위 풀잎들이 촉촉한 숨을 내쉰다.

화흥포 부두에 닿았을 때 안개주의보. 배는 멈췄다.
바다는 하얀 벽이 되어 내 앞을 막고 서 있다.

나는 몇 걸음 앞까지 가서 하얗게 숨을 토한다.
거기 아버지가 주무시는 소안도 미라리, 멀어져 봐야
눈 한, 간인데 불효한 눈길이 물결 사이에 감춰져 있다.

바닷물이 조강 날 짝지밭에 자글자글 끓는다.
자갈들 울부짖음이 귓전에 맴돈다.
귓속에서 오래된 파도가 되살아난다.

바다는 늘 그렇게 닿을 듯 말 듯,
하나를 두고 하나를 숨긴다.
애써 발을 돌려 완도장 여관에 든다.

눅눅한 해초 냄새, 탁자 위 시든 국화 한 송이.
전등불 아래 먼지가 조용히 무늬를 그린다.

찬 이불 속에서 멀리 파도와 개 짖는 소리가
겹쳐온다. 나는 눈감은 채 그 소리를 아버지의 숨결처럼 듣는다.
"내일은, 안개가 걷히겠지."

《돌배》

가벼운 바람 따른 우리들 사이, 낌새는 자지러드는 돌배여라. 무겁고 더 묵언 석 두, 배움 없이, 저 혼자 큰물에 나가겠다면 기낭 선불리 돌배 타고 바다로 나가면 배는 가라앉고 말아도, 곶 말에 고추는 놋뽕에 놋좆 끼고 삐그덕거리는 감동 영감 모르고 영글어도 절대 나무라진 마라

《소나기》

소안도 풀 다시마 미역의 되새김, 완도 장도 쥐도 마우스 꼬리에 매달린 소안도 자지도 맹선리 앞에 보길도 노화도 충도 구목리 석장리 구도 횡간도 화흥포로 돌아 들어오는 육지도 해남의 물질은 제주도, 해녀들, 휘파람 가파도, 이어도 섬망은 우리의 뇌리 해리성 장애 뇌성에 울린 소나기다. 워. 워. 워

《뻐꾸기 우는 여름 들판에는》

여름날 뻐꾸기 소리, 여름 들판
푸릇푸릇하게 자란 벼를 보고 울었소.

단 한 평 논은 없어도 누렇게 익어가는
보리밭을 보고는 마냥 웃었소.

큰 산 논골 다랑이논 맨 꼭대기에 있던 울 엄니,
품 같던 안골 밭 지기,

지금은 소안도 미라리 동네 사람들
목마름을 해갈하는 수원지가 되었는데

큰 산을 가로질러 메아리치는 뻐꾸기 노랫소리
내 가슴은 왜 이다지 먹먹한지요.

《집으로 돌아가는 길》

집으로 돌아가는 길, 푸른 들판 길 걸어요,
주님 손 꼭 붙잡고 걱정은 바람에 흩날려버려요.
어두운 밤에도 나는 두렵지 않아요.
주님 품이 내 집이죠

사랑으로 채우시는 나의 하루,
주가 내 잔을 넘치게 하시네.
나는 평생을 주와 함께해요.
영원토록 주님 안에 살아요.

《사건의 저편》

작은 막대기 하나, 그 끝에 얹힌 무거운 돌덩이,
아르키메데스의 손길 아래,
세상이 움직인다고 말하던 그날처럼

촛불이 심지가 흔들리듯 우주의 법칙도 그러하리라,
보이지 않는 힘줄로 연결된 별들 사이, 작디작은
상수 하나가 생명을 춤추도록 무대를 만든다.

너와 나 서로 알지 못한 채
우리 삶의 한가운데 자리 잡은 태극은
파랑과 붉고 흰 바탕에서 팔락이는 기치,

보이지 않는 지렛대들.
네 모서리 끝에서 우리는 꿈을 밀고 당긴다.
건곤감리의 기치 아래, 작은 힘으로 큰 세상을 바꾸는 법,

그것은 오래전부터 우리 안에 있었다.
사건의 지평 위에서 우리는 모두
변화의 시작점이 된다.

《풍파》

파묘 파도 파도 갈라파고,
그제 생기발랄하던 풀 무덤,
어제 봉분은 오늘 사라지고
풀어헤친 내일은 모래알만
글피에 조개로 남은 평지도
무량대수롭지 않을 풍파다.

《탄식》

어제 서쪽 바다에 떠 있던 작은 섬 하나,
물안개처럼 지워져 간다. 흐린 햇빛에 주린 내 목소리,
바람에 묻혀 산란했다.

풀잎 끝에 걸린 물방울 하나,
참았던 눈물인가, 어인 탄식인가,
이 정적 속에서 누가 먼저 흔들렸는지,
아직 아무도 묻지 않았다.

손끝에 남은 소금기,
작별한 바다 냄새에 숨을 적시고
돌아와 앉은 기도의 골방, 덧없는 한 숨은
한 송이 탄식이 되어 적법한 다리 밑을 감싸고 흐른다.

《흔적》

사람의 손길 닿지 않은 성스러운 흔적을 나는 어디에서 마주치나,
고요한 저녁, 눈에 드러나지 않는 빛 속, 숨결 하나 스쳐 지나네.

물고기의 문양 아래, 숨겨진 오랜 믿음, 그림지도는 없으나
마음은 금지와 경계를 넘어 희미하게 사랑을 남긴다.
십자가 지고 걷는 연단, 지친 얼굴에 베푼 수건
사람 손이 아니라, 고통에서 피어난 신의 마음,

아케이로포이에타의 얼굴 자국, 상상도, 언어도 그곳을
다 담지 못해 더 맑은 영혼만 투명한 흔적 가까이
새벽빛과 기도, 눈물 속에 깃든 형상, 지워지지 않는
존재의 자국, 나는 오늘 묵상한다.

사랑이 남긴 상처 진실을 향한 발길 서로를 품어준 온기가
하늘에서 흘러온 신의 흔적이기를

* 아케로포이에타(Acheiropoieta), 그리스어 ἀχειροποίητα에서 유래한 말로, "인간의 손으로 만들어지지 않은 것"이라는 뜻을 가진 용어. 기독교 성화 전통에서 이는 인간의 기술로 그린 것이 아니라 기적으로 생겨났다고 전해지는 성화를 가리킨다. 대표적인 예로는 만딜리온(Mandylion-에데싸의 얼굴)이라 불리는 예수의 얼굴 성화를 들 수 있다.

《불안을 품는 기도》

어둠 속에 빛을 기다리네, 떨리는 손끝에 희망이 흐르네,
불안의 그림자 깊게 스며들어도 주님의 손을 잡게 하소서
길이 없어도 발을 떼게 하소서, 두려움 속에 믿음을 품게 하소서
어둠이 짙어져도 꺼지지 않는 불빛처럼 주님의 사랑을
느끼게 하소서

바람은 차갑고 하늘은 닫혔어도 마음의 문은 열려 있게 하소서
눈물의 강을 건너는 이 시간에도 그 손길로 나를 이끄소서
길이 없어도 발을 떼게 하소서, 두려움 속에 믿음을 품게 하소서
어둠이 짙어져도 꺼지지 않는 불빛처럼 주님의 사랑을
느끼게 하소서

고요한 밤에 들리는 속삭임, 그 작은 음성 나를 감싸네.
아멘 속에 담긴 내 소망의 기도, 주님이시여 나를 안아주소서
길이 없어도 발을 떼게 하소서 두려움 속에 믿음을 품게 하소서
어둠이 짙어져도 꺼지지 않는 불빛처럼 주님의 사랑을
느끼게 하소서

《나는 가을을 기다리지 않아》

뜨거운 태양 아래, 땀이 흐르는데도 난 웃어
소낙비가 내리면 온몸이 젖어도 괜찮아
나는 가을을 기다리지 않아

바람 한 점 스치면 그게 곧, 가을이야,
지금, 이 순간이 전부야, 봄도 겨울도 한 번도
기다린 적 없어, 지금 이 뜨거움 마저
내 품에 안고 살아가

기다림 없는 하루 이 더위 속에서도
가을은 나를 지나가, 나는 이미 가을 속에 있어
나는 가을을 기다리지 않아

바람 한 점 스치면 그게 곧, 가을이야
지금, 이 순간이 전부야 지금을 만끽하며
나는 여기에 있어, 가을을 기다리지 않아

난 오늘 속에 살아

《상가 분양》

텅 빈, 공간 위에 꿈을 그려
맑은 빛으로 번지는 세상
첫 문을 열며 설렘이 가득

내가 주인공인 이 이야기
작은 희망 하나, 웃음 한 줌
내일을 향해 심는 씨앗
여기서부터 시작돼

창문마다 햇살을 불러들이고
벽마다 이야기를 채워가네.
이 공간은 나만의 세상

내가 주인공인 이 이야기
작은 희망 하나, 웃음 한 줌
내일을 향해 심는 씨앗
여기서부터 시작돼

작은 틈 사이로 불어오는 바람
내 꿈의 향기를 실어
모든 것이 새롭게 다가와

내가 주인공인 이 이야기
작은 희망 하나, 웃음 한 줌

내일을 향해 심는 씨앗
여기서부터 시작돼

《주신 그늘》

주신 그늘 아래로 흔들리는 세상 속에
나의 피난처 되신 주, 주께 달려갑니다.

주의 그늘 평안하다. 주의 빛이 나를 비추네
모든 고난 지나가도 주 곁에 머물리라

황폐한 길 위에서 새처럼 도망가려 하나,
성전의 주님 계신 곳 영원한 힘이 있도다

주의 그늘 평안하다. 주의 빛이 나를 비추네
모든 고난 지나가도 주 곁에 머물리라

주님 품에 숨 쉬네. 두려움은 사라지네
주 사랑 날 채우네. 끝없는 은혜로

주의 그늘 평안하다. 주의 빛이 나를 비추네
모든 고난 지나가도 주 곁에 머물리라

《봄이 어린 입술》

어린 입술에 진리가 숨어, 작은 떨림 속에 세상이 춤춰
고운 눈빛 빛나는 별처럼 어둠을 깨며 속삭여줘

고개 숙인 채로 봄이 머물러 차가운 바람도 따스해져
한 번 더, 한 번 더, 다시 피어나 그 작은 숨결에 꽃이 핀다

흐릿한 그림자 속에 길을 찾아 맑은 목소리가 어둠을 감싸
작은 손끝, 세상을 만질 때 희망은 파도처럼 번져가

고개 숙인 채로 봄이 머물러, 차가운 바람도 따스해져
한 번 더, 한 번 더, 다시 피어나 그 작은 숨결에 꽃이 핀다

어린 마음에 담긴 우주, 별과 달이 머무는 곳
잃어버린 꿈을 찾아 다시 시작되는 노래

고개 숙인 채로 봄이 머물러 차가운 바람도 따스해져
한 번 더, 한 번 더, 다시 피어나 그 작은 숨결에 꽃이 핀다

《남사당패》

남사당의 분칠 속에 숨겨진 내 얼굴, 깊은 안면 뒤 삼단 땋아
내려온 머리, 장터의 등불 흔들릴 때 나는 사라진다.
남자임을 벗고 나는 다른 내가 된다.

버나 돌아간다. 둥글게 돌아간다. 덧뵈기 시작되면 내 세상도
돌아간다. 다홍치마 날 감싸고 저녁 바람 속에 나는 향단이다.
나는 춤춘다.

초립에 괘자 걸친 조라치들의 몸짓, 장단에 맞춰 풍물이
하늘을 찌른다. 포장 속 굴욕에도 밤은 깊어만 가고 세상은
내 허리를 꺾으며 소리친다.

버나 돌아간다. 둥글게 돌아간다. 덧뵈기 시작되면 내 세상도
돌아간다. 다홍치마 날 감싸고 저녁 바람 속에 나는 향단이다.
나는 춤춘다.

유랑은 내 얼굴을 지운다. 한 번의 웃음 뒤 슬픔을 남긴다.
장터의 흥겨움 그 뒤엔 서러운 소리, 나는 내 얼굴을 버린다.
버나 돌아간다.

버나 돌아간다. 둥글게 돌아간다. 덧뵈기 시작되면 내 세상도
돌아간다. 다홍치마 날 감싸고 저녁 바람 속에 나는 향단이다,
나는 춤춘다.

《징검다리》

돌 위에 나열된 돌
물결에 바람 스치면
잠시 멈춰 섰다가

내 마음 건너
또 한 걸음
징검다리 위에 나를 본다

여럿이 발을 내딛는
저 끝 우리 안의 작은 섬
깊은 물 속을 응시한다.

내 마음 건너
또 한 걸음
징검다리 위에 나를 본다

물결이 속삭여
발자국을 삼키고
바람이 불어와
기억을 흩어지게 한다

내 마음 건너
또 한 걸음
징검다리 위에 나를 본다.

《소안도 섬망의 길》

금이 간 거울 소리, 꿈속을 흔드누나
철의 강줄기 길을 따라 천리의 울음이 깊구나.

희미한 불빛 꺼지지 말고 작은 노래 사라지지 말라
어둠을 뚫고 침묵을 넘어 끝내 지켜 다오

깊은 약속 글자 얽고 나라는 묶이누나
먼 나라 계책 드리웠으니 동쪽 하늘, 빛 가리우네.

희미한 불빛 꺼지지 말고 작은 노래 사라지지 말라
어둠을 뚫고 침묵을 넘어 끝내 지켜 다오

그러나 내 가슴 속 등불 하나 살아있다.
시간의 벽 넘어 불씨는 꺼지지 않으리

희미한 불빛 꺼지지 말고 고요한 노래 사라지지 말라
어둠을 뚫고 침묵을 넘어 끝내 지켜 다오

《반석 위의 집》

창파가 밀려오고 홍수가 삼키네.
모래 위에 지은 꿈들 흔적도 없이 물거품 되어 사라지네.
짧은 위안처럼 속내를 잃은 허상들 흐름 따라 떠내려가

그대여 반석 위에 집 지어라. 비바람 몰아쳐도
무너지지 않을 믿음과 소망의 터 위에
오늘도 삶을 단단히 쌓아 올려라.

어둠 속에 길을 잃고 헤매던 발걸음
험한 시련이 와도 흔들리지 않는
터 위에 서는 법을 배워야만 해

두려움 걷어내고
반석 위로 나아가라

그대여 반석 위에 집을, 지어라.
비바람 몰아쳐도 무너지지 않을
믿음과 소망의 터 위에
오늘도 삶을 단단히 쌓아 올려라.

《노아의 노래》

일흔의 나는 아직 걷는다
햇살 따라 나가 바람 따라 웃는다
그 길 위에 핀 작은 꽃 하나
발끝에서 속삭이는 옛날의 나

남은 날은 덤이라고 하자
그 덤 속에 담긴 작은 행복 찾아
걸음을 멈추고 하늘을 보며
오늘의 나를 안아주리라

여든이면 백에 서른만 남고
아흔이면 다섯만 서 있다고 하네.
숫자에 담긴 냉혹한 진실
그러나 그 속에 숨은 온기를 안다.

남은 날은 덤이라고 하자
그 덤 속에 담긴 작은 행복 찾아
물을 마시고 걷고 또 쉬며
좋은 친구와 웃음 나누리라

그 길 위에서야 알게 되리, 하루의 값짐, 한숨의 의미
믿음으로 마음을 다스리며 시간의 선물에 감사하리

남은 날은 덤이라고 하자

그 덤 속에 담긴 작은 행복 찾아
걸음을 멈추고 하늘을 보며
오늘의 나를 안아주리라

《그 남자의 바이올린》

가문비나무 나이테 속에 고요히 잠든 옛날의 숨결
버려진 가지 바람 속에서 한 줄기 울음이 되어 울어

그 남자의 바이올린, 눈물로 피어난 소리
바람 따라 흘러가네, 심장 깊이 스며드네.

맑은 손끝 가볍게 스치고 눈물의 소리가 퍼져간다.
어두운 현 줄에 새겨진 마음, 조용히 생명을 불어넣는다

그 남자의 바이올린, 눈물로 피어난 소리
바람 따라 흘러가네. 심장 깊이 스며드네.

낡은 시간 속 기억의 그림자, 희미한 불빛 아래
춤추는 선율, 그 손에 담긴 고요한 이야기

바람처럼 떠나가네, 그 남자의 바이올린 눈물로 피어난 소리
바람 따라 흘러가네. 심장 깊이 스며드네.

《몸나 자나 깨나》

몸나 자나 깨나 먹나 뿔나 털나
말나 깨나 맘나 철나 못나 잘나

참나 얼나 꿈나 솟나 솟나 솟나
참나 얼나 꿈나 솟나 솟나 솟나

맘나 참나 얼나 철나 말나 솟나
깨나 먹나 잘나 못나 털나 꿈나

참나 얼나 꿈나 솟나 솟나 솟나
참나 얼나 꿈나 솟나 솟나 솟나

몸나 맘나 꿈나 솟아 깨나 못나
참나 올라 얼나 털나 말나 봐라

솟나 다시 솟아 참나 얼나 꿈나
솟나 솟나 솟나 참나 얼나 꿈나

몸나 맘나 꿈나 솟아 깨나 못나
참나 올라 얼나 털나 말나 봐라

솟나 다시 솟아 참나 얼나 꿈나
솟나 솟나 솟나 참나 얼나 꿈나

《킹덤 컴》

넓은 하늘을 물들이시는 우리 아버지 깜빡이는 별들과 부딪히는 바다로 당신의 이름은 속삭임 당신의 이름은 포효 우리가 두드리는 문 더 많은 것을 향한 열쇠

일어나게 하라 통치하게 하라
당신의 왕국이 사슬을 뚫고

당신의 나라가 임하소서 당신의 뜻이 이루어지소서 해 아래 천국의 금처럼 그림자가 노는 이 땅에서 우리는 손을 들어 길을 찾습니다

오늘을 위한 빵 나눌 만큼 마음을 채우고 절망을 지워주고 우리의 빚을 용서해 주고 우리가 짊어진 무게를 용서해 주면서 사랑이 치유하듯

우리 발의 먼지 속에서 하늘과 땅이 만나
모든 기도는 리듬이고 모든 영혼은 박자입니다

시련을 지나 불의 빛을 통해 우리를 인도해 주시고 당신의 강이 흐르는 곳으로 우리를 인도해

당신의 나라가 임하소서 당신의 뜻이 이루어지소서 해 아래 천국의 금처럼 그림자가 노는 이 땅에서 우리는 손을 들어 길을 찾습니다.

《Kingdom Come》

Our Father who paints the skies so wide
With stars that wink and oceans that collide
Your name's a whisper
Your name's a roar
A door we knock on
A key to more

Let it rise
Let it reign
Your kingdom breaking through the chain

Your kingdom come
Your will be done
Like heaven's gold beneath the sun
On this ground
Where shadows play
We lift our hands
We find the way

Bread for today
Enough to share
Filling hearts
Erasing despair
Forgive our debts

The weight we bear
As we forgive
As love repairs

Heaven meeting earth in the dust of our feet
Every prayer a rhythm
Every soul a beat
Lead us past the trials
Through the fire's glow
Deliver us to where your rivers flow

Your kingdom come
Your will be done
Like heaven's gold beneath the sun
On this ground
Where shadows play
We lift our hands
We find the way

《우리가 가던 곳》

예전에 빛나던 불빛이 보여 네온은 부드럽고 낮게 속삭여 공기는 여전히 우리의 메아리로 웅, 웅, 거려.

우리는 결코 속도를 늦추지 않고 원을 그리며 돌고 있어 기억하니 아니면 놓아줬니

우리가 가던 곳 오 오 시간이 눈처럼 얼어붙었던 곳 우리가 가던 곳 오 오 지금은 그저 그림자 쇼일 뿐

바닥은 매 박자에 맞춰 흔들렸지, 우리의 웃음소리는 열기에 얽혀 지금은 조용하지만, 여전히 달콤해

희미하고 멀리서 들리니 예전에 연주했던 것처럼 부르는 리듬, 우리가 가던 곳

오 오 시간이 눈처럼 얼어붙었던 곳 우리가 가던 곳 오 오 지금은 그저 그림자 쇼일 뿐

《The Place We Used to Go》

I see the lights they used to glow
Neon whispers soft and low
The air still hums with our echoes

Spinning in circles we never slowed
Do you remember or did you let it go

The place we used to go oh oh
Where time froze like falling snow
The place we used to go oh oh
Now it's just a shadow show

The floor would shake with every beat
Our laughter tangled in the heat
Now it's quiet but it still feels sweet

Do you hear it faint and far away
The rhythm calling like it used to play

The place we used to go oh oh
Where time froze like falling snow
The place we used to go oh oh
Now it's just a shadow show

《가문비나무 울림》

가문비나무 나이테 속에 지난 계절이 깃든다
가지를 떨구고 바람을 견뎌 한 줄기 소리로 환생한다

울려 퍼지는 바이올린, 깊은 울음 끝에 맺힌 음
버릴 수밖에 없던 것들, 속삭이며 흐른다

섬세한 손끝이 스치며 숨겨진 진실을 꺼낸다
투명한 음 속에 새겨진 이름 없는 삶의 흔적

스프루스여, 황제의 곁에서 빼앗긴 얼굴로 침묵을 입고
타인의 꿈에 자신을 태웠다

울려 퍼지는 바이올린, 깊은 울음 끝에 맺힌 음
버릴 수밖에 없던 것들 속삭이며 흐른다

그 안에 새겨진 삶, 그 안에 울리는 꿈
바람 속에서 가문비나무 울림 소리로 다시 태어난다.

《조강 날 불면(不免)》

깃발이 뒤집혀 바람에 춤추네
밤공기는 바다 내음 가득 실었네
봉수대 터 낙서 하나, 빛바랜 글씨
조강 날 불면, 사람 하나 돌아온다네

조강 날 불면 어디선가 들려와
조강 날 불면 잊혀진 이름이 떠올라
조강 날 불면, 바람 속에 숨 쉬어
조강 날 불면, 돌아오는 발걸음

낡은 돌벽에 새겨진 사라진 시간
흐릿한 달빛 아래 그림자 하나
의미를 묻는 바람이 귓가를 스쳐
조강 날 불면 기다림은 끝나리

조강 날 불면 어디선가 들려와
조강 날 불면 잊혀진 이름이 떠올라
조강 날 불면 바람 속에 숨 쉬어
조강 날 불면 돌아오는 발걸음

바람 속 목소리 속삭이는 비밀
돌아오리라, 돌아오리라, 깃발의 춤 끝에
그가 서 있네, 조강 날 불면, 전부 밝혀지리

조강 날 불면, 어디선가 들려와 조강 날 불면
잊혀진 이름이 떠올라 조강 날 불면, 바람 속에 숨 쉬어
조강 날 불면, 돌아오는 발걸음, 으 흐 흠

《모래섬 매듭》

모래섬에 하얀 손톱 조각
부드러운 바람에 흩어진다.
파도가 살짝
살짝 번지며
무언가를 말해
말하진 않는다

사람은 모래처럼 무너져야
그래야 육지로 건너갈 수 있대
그 말이 내 안에 가라앉아
풀리지 않는 매듭처럼

발끝이 모래를 스칠 때마다
작은 기억들이 올라온다
하늘은 멀고 바다는 깊어
끝을 찾는 건 아무 소용 없지

사람은 모래처럼 무너져야
그래야 육지로 건너갈 수 있대

그 말이 내 안에 가라앉아
풀리지 않는 매듭처럼

매듭은 풀리지 않아도 괜찮아
어쩌면 묶여야 더 단단해지니까
흩어진 모래처럼 살아가도
결국엔 바람이 우리를 데려가

사람은 모래처럼 무너져야
그래야 육지로 건너갈 수 있대
그 말이 내 안에 가라앉아
풀리지 않는 매듭처럼....
ㅎㅎ흠

《종선의 부두》

저녁 바람 끝에 흐르는 목소리, 부두 끝 우편함에 남은 기억
낡은 나무문이 닫히는 소리, 마지막 배가 떠나던 날

종선의 부두, 이젠 멀어져 발걸음 뒤로 남긴 그림자
한 세계가 닫히고 또 다른 문이 열리네.

흐릿한 등불 아래 흔들리던 그림, 바닷바람 속에 지워진 약속들
손끝에 닿지 않는 따뜻한 온기, 그 순간 모든 게 멀어졌네

종선의 부두, 이젠 멀어져 발걸음 뒤로 남긴 그림자
한 세계가 닫히고 또 다른 문이 열리네

멀리서 들려오는 파도 소리, 그 안에 묻힌 나의 이야기
미닫이문이 닫히는 순간, 모든 게 조용히 사라져가

종선의 부두, 이젠 멀어져 발걸음 뒤로 남긴 그림자
한 세계가 닫히고 또 다른 문이 열리네. 열리네.

《도선》

새벽빛 속에 작은 도선이 떠나
갑판 끝자락 서 있는 뒷모습 하나
바다를 향해 손을 흔드는 아이
그 손짓 속에 남은 건 따뜻한 바람

파도는 울어 소라 속 고동처럼
떠나는 등을 살며시 밀어주고
남는 마음은 모래 위에 스러져
새벽의 도선은 멀리로 흘러가

은빛 물결에 비친 그리움의 조각
떠나간 자리엔 말 없는 흔적만
흩어진 모래 위 발자국이 남아
남겨진 마음은 바람 속에 퍼져

멀어지는 선율 바람에 실려
새벽의 시간은 멈추지 않아
도선의 그림자 파도에 녹아
기억은 해변에 조용히 잠들어

파도는 울어 소라 속 고동처럼
떠나는 등을 살며시 밀어주고
남는 마음은 모래 위에 스러져
새벽의 도선은 멀리로 흘러가
아 아 아

《섬》

바다 안개 속에 멀리 떠 있는 섬
점처럼 보이는 작은 존재들
잔물결 위로 흐르는 해무

빛과 그림자
경계 없이 춤추고
그 위에 내가 있어

우리는 모두 섬이다
고립되지 않은 섬
바다 속에 떠 있는 섬

시간은 바다로 흘러가고
나는 섬이 되어 멈췄다
고요 속에 흐르는 파도

빛과 그림자
모든 게 연결돼
나와 너 우리 모두

우리는 모두 섬이다
고립되지 않은 섬
바다 속에 떠 있는 섬

우리는 모두 섬이다
고립되지 않은 섬
바다 속에 떠 있는 섬

《갈꽃이 피》

갈꽃이 피 바람결에 춤추네
하얀 숨결로 속삭이는 그대 이름
작은 꽃들이 흔들리며 날 부르네

갈꽃이 피
갈꽃이 피
그대의 손길은 멀리 떠나갔지만
내 마음엔 아직 여름의 온기가 남아

햇살은 따뜻해 내 손바닥 위에
하지만 그대는 먼 강 건너에
물결 위로 흩어지는 기억만 남았네

갈꽃이 피
갈꽃이 피
그대의 손길은 멀리 떠나갔지만
내 마음엔 아직 여름의 온기가 남아

강물처럼 흘러가도 멈출 수 없는 시간

갈대 끝에서 피어난 그대 흔적들
내 마음속에 영원히 남아

갈꽃이 피
갈꽃이 피
그대의 손길은 멀리 떠나갔지만
내 마음엔 아직 여름의 온기가 남아

《소안도 도선사》

도선 위에 실린 바람의 속삭임
떠나는 이의 발끝엔 파도의 리듬
남은 이의 손끝엔 그리움의 그림

조강날엔 흐름이 멈추지 않아
매듭 속에 숨은 해방을 찾아
뒤돌아보지 않는 물결처럼
또 다른 바다를 향해 간다

소라 귀에 닿는 고동의 울림
파도는 등을 밀고 저 멀리로 밀림
남은 자리에 퍼지는 고요한 빛

조강날엔 흐름이 멈추지 않아
매듭 속에 숨은 해방을 찾아

뒤돌아보지 않는 물결처럼
또 다른 바다를 향해 간다

밀물은 되돌아오지 않지만
흐름은 우리를 떠밀어간다
조강을 넘어선 끝자락에서
새로운 바다가 눈부시게 반짝인다

조강날엔 흐름이 멈추지 않아
매듭 속에 숨은 해방을 찾아
뒤돌아보지 않는 물결처럼
또 다른 바다를 향해 간다

《처서》

매미는 울다 끝내 숨을 삼키고
뙤약볕 아래 마음을 우기다 흩어져
여름의 끝자락에 바람이 속삭여

처서의 고요 속
시간은 비밀처럼 스며들어
의심 없는 저녁이 찾아온다

배짱 불룩 여치는 땅에 노래하고
사마귀는 날 선 낫으로
주변을 노리며 잠들지 않아

처서의 고요 속
시간은 비밀처럼 스며들어
의심 없는 저녁이 찾아온다

탈피하려는 마음은 빛보다 빠르고
흙에 묻힌 소리들은 무뎌져 간다
칼보다 무딘 고요가 깊어진다

처서의 고요 속
시간은 비밀처럼 스며들어
의심 없는 저녁이 찾아온다

《우리들 기도》

무더운 여름 땀방울 속에 숨겨진 이야기 들려오네
자란 만큼 자란 나뭇잎들, 짙어진 초록의 그늘 아래로

주님 우리를 부르셨네, 시간의 빛 속에 살게 하셨네
기도로 엮은 우리의 마음 언약의 길 따라 걸어가네

흘러가는 세월 손끝에 닿아 작은 숨결마저 의미가 돼
바람은 속삭여 너는 빛이라 어둠 속에서도 길을 찾으라

주님 우리를 부르셨네. 시간의 빛 속에 살게 하셨네
기도로 엮은 우리의 마음 언약의 길 따라 걸어가네

더 짙어지는 나무의 잎새 더 단단해진 우리의 뿌리
기도는 노래가 되고 시간은 축복이 되네

주님 우리를 부르셨네. 시간의 빛 속에 살게 하셨네
기도로 엮은 우리의 마음, 언약의 길 따라 걸어가네

《옥수수꽃》

저녁마다 그 텃밭을 지나가요
바람이 묻어오는 작은 숨결
땅끝을 스치듯 피어난 것
옥수수꽃이죠

노랗지도 붉지도 않은
잎과 수염 사이에 숨어
작은 비밀을 속삭이는
그 꽃을 보았나요

달빛 아래 조용히 춤추는
그 모습은 꿈처럼 흐려지고
손끝에 닿을 듯 말 듯
아련한 그 향기

흙냄새와 바람의 노래
귀 기울이면 들리겠죠
옥수수꽃의 속삭임
마음 깊이 남겠죠

노랗지도 붉지도 않은
잎과 수염 사이에 숨어
작은 비밀을 속삭이는
그 꽃을 보았나요

저녁마다 그 텃밭을 지나가요
그곳엔 언제나 옥수수꽃이 피어나요
저녁마다..

《마음의 근육》

아무도 보지 못하는 그곳
깊은 속살 속에 숨어
조용히 자라는 힘줄처럼
내 마음은 움직여

몸이 흔들릴 때마다
신경의 불빛이 깨어나
아픔 속에서 나를 키워

마음의 근육은 천천히 자라
아파야만 더 강해지는 가지처럼
하루하루 흔들리는 나를
단단하게 만들어가

실수라는 바람이 불어와도
흔들리는 내 하루에도
그 모든 흔들림이
운동장이 되어

관계를 맺고 또 마음을 베고

작은 고통이 날 다듬어
나는 내 안의 근육을 키워가
한 칸씩 천천히 자라나

마음의 근육은 천천히 자라
아파야만 더 강해지는 가지처럼
하루하루 흔들리는 나를
단단하게 만들어가

《내소사》

내소사 길을 따라 걸었네. 전나무 숲길 속에서 숨 쉬었네
삼층석탑 위에 내 마음 얹고 눈부처 속에 나를 비춰 보았네

내소사야, 내소사야 너도 나를 사랑하니
깊고 긴 숲을 지나 내 마음 네게 닿았으니

단청 없는 그 맨얼굴의 빛 고요 속에서 나는 안겼네
요사채 안쪽 깊숙이 들어가 나만의 자리 찾았던 그날

내소사야, 내소사야 너도 나를 사랑하니
붉은 단풍 속의 절정, 내 마음 네게 머물렀으니

흐르는 바람도 내게 말했네. 이곳은 너를 위한 품이라고
흙 내음 속에서 내가 느꼈네. 내소사가 나를 품었다고

내소사야, 내소사야 너도 나를 사랑하니
깊고 긴 숲을 지나 내 마음 네게 닿았으니

《어머니의 숨결》

고래 등 같은 집 그림자 밑 비쩍 마른 담장 너머에서
소리 없이 날 부르시던 어머니, 그 숨결엔 늘 국 한 그릇
두 손은 말없이 눈물 닦고 찢어진 바지춤 기워 붙이며
그 염려 속 기도였던 마음, 지금도 내 등을 감싸안아요.

저녁이면 콩나물 한 줌, 고구마 두세 알을 나눠 주시며
배부르다며 웃으시던 어머니, 그 온기가 내겐 집이었죠
두 손은 말없이 눈물 닦고 찢어진 바지춤 기워 붙이며
그 염려 속 기도였던 마음, 지금도 내 등을 감싸안아요.

한숨마다 담긴 사랑의 소리, 몸짓마다 전한 따스한 빛
멀리 있어도 느껴져요. 어머니의 그 숨결, 두 손은 말없이
눈물 닦고 찢어진 바지춤 기워 붙이며 그런 염려 속
기도였던 마음, 지금도 내 등을 감싸안아요.

《우리가 넘어야 할 길》

넘어진 자리엔 눈물이 고여
가슴 깊은 곳엔 상처가 남아
어둠 속에서 빛을 찾던 날들
아직도 기억해 1997

무너진 벽 사이 희망이 피어
우린 다시 걸었지, 멈추지 않아
우리가 넘어서야 할 길,

험하고 멀어도 멈추지 않아
빛나는 날처럼
저 멀리 향해
함께라면 우린 해낼 수 있어

차가운 바람이 등을 밀어도
손에 손을 잡고 다시 일어서
고통의 그림자 발밑에 두고
앞으로 나아가 한 걸음 더

흔들리는 길 끝엔 별이 빛나
우리의 발걸음 멈추지 않아

우리가 넘어서야 할 길
험하고 멀어도 멈추지 않아

빛나는 날처럼
저 멀리 향해
함께라면 우린 해낼 수 있어

《섬소년의 꿈》

좌르륵 호롱불 심지 위로 섬의 밤이 타오르고
스르륵 바람 타고 오는 파도 소리의 노래.
별빛 이불 덮고 섬 소년 꿈을 꾸네.

콕콕 피어나는 소망 작은 손끝에 닿아
바스락 소나무 숲 아래 옛이야기 속삭이고
찌르르 풀벌레의 노래 여름밤의 합창

별빛 이불 덮고 섬 소년 꿈을 꾸네.
파르르 떨리는 꿈결 가슴속에 새겨
좌르륵 파도가 속삭여 스르륵
바람이 안아줘

찌르르 풀벌레의 선율 모두 꿈을 감싸
별빛 이불 덮고 섬 소년 꿈을 꾸네
콕콕 피어나는 소망
작은 손끝에 닿아

《내가 못 살 이유》

낮과 밤이 스쳐 가도 묻는다
나는 왜, 사는가, 눈에 보이지 않아도
품에 안고 사는 것들이 있다

따뜻했던 엄마의 품, 흔들리던 손끝의 진심
작은 웃음 그리고 그 말, "괜찮아 다 잘될 거야"
그 말이 내게 날개를 준다.

믿음은 보이지 않는 것의 가장 분명한 모양
텅 빈 하루 속에도 내일이 있으리란 확신
그것이 내가 일어서는 이유

먼저 살아낸 이들이 그 길을 밝혀준다면
나는 그 빛을 따라 또 하루를 살아내리
따뜻했던 엄마의 품

흔들리던 손끝의 진심 작은 웃음 그리고
그 말 "괜찮아 다 잘될 거야"
그 말이 내게 날개를 준다.

내가 못 사는 이유, 그건 아직 남은 길,
그 길 끝에 웃을 날 위해
나는 오늘도 걷는다

《경계의 춤》

바람은 멈췄다. 종소리 흩어진다.
그들의 발자국 모두 같은 절벽
빛이 흔들려, 경계는 사라져

손을 잡고 춤춘다. 끝없는 여백 위에
신앙은 하늘로 정치는 땅으로
무거운 조율 속 희미해지는 선들

빛이 흔들려 경계는 사라져
손을 잡고 춤춘다. 끝없는 여백 위에
멈춰진 시간 속 고요한 속삭임

절벽 끝의 노래, 흐려지는 모든 것
빛이 흔들려, 경계는 사라져 손을 잡고 춤춘다.
끝없는 여백 위에서

《분서갱유》

전국을 하나로 묶은 강철의 손길
진시황
황제의 이름 빛나네
만리장성 붉은 노을 아래 숨쉬며
수십만의 땀이 별이 되어 떨어진다

진시황
진시황
역사의 파도 속에 새겨진 왕
진시황
진시황
강철의 꿈을 품은 그 이름

흉노의 그림자 북녘을 어루만지고
백성의 땀방울에 역사는 새겨진다
책을 불사르고 사상을 묶었으나
칼날 속에도 피어나는 민심의 꽃

불로장생 허상 속 거울을 바라보며
황제는 신선 되고자 바다를 건넜네
하지만 시간은 누구도 기다리지 않고
영원은 모래처럼 손가락 사이 흩어진다

진시황

진시황
역사의 파도 속에 새겨진 왕
진시황
진시황
강철의 꿈을 품은 그 이름

붉은 노을 사라지고 별빛만 남을 때
진시황의 이름은 바람 속에 머문다
영원히
영원히
역사의 한 페이지에…

* 〈분서갱유(焚書坑儒)는 기원전 213년과 212년에 중국 진(秦)나라의 시황제가 시행한 문화 및 사상 탄압 사건을 의미하며, 문자 그대로 '책을 불태우고 유학자들을 땅에 묻는다'는 뜻〉

《고흐의 자리》

병든 사랑의 끝자락에 타오르던 불꽃의 잔해
테오의 눈빛은 안타까움에 젖고
고흐의 붓끝은 슬픔에 번져

그녀는 그림자 속 등불이 되어 해바라기 빛처럼 타올라
절절한 사랑의 무게를 지켜
닫히지 않는 창문 같은 마음속에

열두 개의 의자에 앉아 고통과 희망을 견뎌내던 자리
그 위에 흐르는 눈물의 선율
불완전한 마음은 끝내 아물지 않아

그녀는 그림자 속 등불이 되어 해바라기 빛처럼 타올라
절절한 사랑의 무게를 지켜
닫히지 않는 창문 같은 마음속에

깊은 곳에 새겨진 상처, 그 속에서 피어난 해바라기
그녀는 어둠 속 빛이었고
그들은 서로의 그림자였네.

그녀는 그림자 속 등불이 되어 해바라기 빛처럼 타올라
절절한 사랑의 무게를 지켜
닫히지 않는 창문 같은 마음속에

《진나라 그림자》

진나라 법가 엄격한 틀 속에 숨죽인 씨앗들
꿈조차 숨었네. 변방의 땅 바람 따라 열린 문
새로운 바람, 혼돈을 쓸어내네.

천하를 품은 황제의 이름, 글자와 화폐
길 위에 새긴 뜻 법의 철벽, 백성을 감싸도
만리장성 위엔 땀방울이 흐르네.

어린 왕 권력의 실타래 속 여불위 그림자
뒤에서 흔들고 고된 원성 쌓여가는 담 위에
운명의 굴레 무게를 더하네.

빛과 어둠이 겹친 자리 법과 칼이 춤추는 밤
역사의 흐름 속 진나라는
모래 위에 새긴 이름인가,

천하를 품은 황제의 이름, 글자와 화폐
길 위에 새긴 뜻 법의 철벽 백성을 감싸도
만리장성 위엔 땀방울이 흐르네.

운명은 흐르고 시간은 멈추지 않아
진나라의 그림자
역사에 새겨지네.

《손수》

손수 작은 씨앗을 심는 아침
내 손끝에 햇살이 내려앉는다
흙을 가르고 물을 나르는 이 모든 노동은
손수 내 삶의 약속

손수 살아가는 하루하루 엄마의 손등 같은 시간,
굳은살 속에 숨은 이야기, 손수 꺼내어 나를 채운다.

잔주름마다 계절이 흐르고 흠집마다 고민이 새겨진다.
뜨거운 사랑, 조심스럽고 미안함
손수 꺼내어 쓰는 내 마음

손수 살아가는 하루하루, 엄마의 손등 같은 시간은
굳은살 속에 숨은 이야기 손수 꺼내어 나를 채운다.

악수로 배운 온기, 박수로 샀던 기쁨
두 손 모아 올린 기도
그 속엔 나의 모든 순간

손수 살아가는 하루하루, 엄마의 손등 같은 시간
굳은살 속에 숨은 이야기
손수 꺼내어 나를 채운다.

《한 여름밤 숨결》

한 줄기 빛일까 바람일까
머리칼에 스친 차가운 숨결
무더운 여름밤 속에 잠들어

희미한 별빛이 손끝에 닿고
파도 소리 귓가를 맴돌아

여름밤은 숨을 쉬어
작은 꿈들 안고서
조용히 새벽을 틔운다
여름밤은 숨을 쉬어
끝없는 그리움 안고

한 줌 꿈일까
그리움일까
눈꺼풀 사이로 스며드는 온기
모래알처럼 흩어지는 기억

검은 틈새를 비집고 나온
빛 한 조각 내 손에 닿아

여름밤은 숨을 쉬어
작은 꿈들 안고서
조용히 새벽을 틔운다

여름밤은 숨을 쉬어
끝없는 그리움 안고

《알토란의 숨결》

골짜기를 타고 흐르는 숨결, 바람에 실려 온
알토란의 목소리, 아리랑은 아지랑이처럼 허물어지고
기억 속의 생동감 마고자 깃에 스며들어

토란을 우습게 보지 마, 그 안에 숨은 생명의 노래
저고리 끈을 물고 연분홍 치마 끝
봄 햇살은 음지에도 스며든다.

동토의 얼음이 녹아내릴 때
헐벗은 땅에도 볕은 내리고
쥐구멍 하나에도 빛이 비쳐
그 속에서 생명이 다시 숨을 쉰다.

토란을 우습게 보지 마, 그 안에 숨은 생명의 노래
저고리 끈을 물고 연분홍 치마 끝
봄 햇살은 음지에도 스며든다.

알토의 음색이 골짜기를 채우고 아리랑은 다시
새로이 불려진다. 허물어진 기억도 살아나고
모든 것은 다시 시작될 거야

토란을 우습게 보지 마, 그 안에 숨은 생명의 노래
저고리 끈을 물고 연분홍 치마 끝
봄 햇살은 음지에도 스며든다.

《가끔》

가끔 오금 저린 새벽, 달빛에 잠긴 창가
벽두를 깨우는 숨결, 한 번만 더 날개를 펴
저 창공 위를 날고파, 한 번만 더 부서진대도
꿈속에서 다시 살고파

절벽 아래 푸른 바다, 출렁이는 속삭임
개꿈이 조용히 웃었지, 날개 달고 날던 기억
툭, 부서져도 괜찮아 한 번만 더 날개를 펴
저 창공 위를 날고파

한 번만 더 부서진대도 꿈속에서라도 다시 날고파
꿈인지 생시인지 몰라, 볼살 꼬집어도 난 몰라
흐릿한 시야 속 그 바람, 나를 다시 불러줘

《그 시기》

그 시기엔 세상이 흐릿했지
꿈인지 생시인지, 몰랐어, 피마자 열매는
지뢰처럼 돋아나 아이들 잃어버린 꿈을
비몽사몽 찾았지

그 시기 그 시기, 손끝 저림 속 떠오르던
그 시기 그 시기, 모두 흐릿한 그때

침 묻힌 손가락 코끝에 문지르며
뭔가 잡힐 듯 잡히지 않았어
바라 눈에 붙은 진드기 같은 기억
너도나도 어딘가에 갇혀 있었지,

그 시기 그 시기 손끝 저림 속 떠오르던
그 시기 그 시기 모두 흐릿한 그때

지뢰처럼 터진 피마자 열매
그 속에 갇힌 우리들의 어제
꿈인지 생시인지 여전히 헷갈려
이제 와보니 그땐 우리가 빛났어.

그 시기 그 시기 손끝 저림 속 떠오르던
그 시기 그 시기 모두 흐릿한 그때

《초승달 박》

제비가 날아와도 더도 말고
덜도 말아야 할 이 밤, 휘영청 밝아진 초승달 아래
초가지붕 숨죽이며 기다린다.

박꽃이 속삭인다. 박꽃이 대답한다.
어느 집엔 호박이 넝쿨째 굴러들고, 굴러들어도
나에게는 왜 이리 조용한가.

이를 악물어도 열리지 않는 닫힌 문처럼
닫힌 꽃처럼 놀부의 마음처럼 뻣뻣한 밤
여름의 탈 같은 얼굴은 흐느낀다.

박꽃이 속삭인다. 박꽃이 대답한다.
어느 집엔 호박이 넝쿨째 굴러들고, 굴러들어도
나에게는 왜 이리 조용한가,

간절함 닮아 아픈 발등엔 쥐가 나고
오금은 저려, 하지정맥처럼 꼬이는 몸 무거운 밤이
내 어깨에 내려앉는다

박꽃이 속삭인다. 박꽃이 대답한다.
어느 집엔 호박이 넝쿨째 굴러들고, 굴러들어도
나에게는 왜 이리 조용한가.

《임금의 노래》

임금이 오르면 숨결이 달라져
작은 손길 위에 무게가 산처럼
부엌에 울리는 한숨의 멜로디

그러나 기술은 꽃피고
기계는 노래하고
사람은 별처럼 빛나네

정규직 마음에 긴 그림자 내려도
효율의 길 따라 땀방울이 춤춰
새벽 빛 아래 꿈이 자라네

그러나 기술은 꽃피고
기계는 노래하고
사람은 별처럼 빛나네

임금은 숫자가 아니야
삶의 무늬야
바람에 흔들려도
뿌리 깊은 나무처럼

그래 기술은 꽃피고
기계는 노래하고
사람은 별처럼 빛나네

《빛나는 눈빛》

신령한 바람 속에 내 마음을 담아
흐르는 강물처럼 빛나는 삶의 조각
숫자가 아닌 풍경처럼 너울대는 날들

손끝에 담긴 진실
눈빛에 담긴 바람

정직한 손끝으로 우린 새길 그려가
빛나는 눈빛으로 우린 세상 밝혀가
그 끝엔 사람이 있어

쓰레기 넣으면 쓰레기만 나오는 법
기술은 도구일 뿐 마음이 다르지
조용히 흔드는 바람 흔들리는 길

진실이 머물고 거짓은 사라져
우리의 손끝은 빛처럼
우리의 눈빛은 별처럼

정직한 손끝으로
우린 새길 그려가
빛나는 눈빛으로
우린 세상 밝혀가
그 끝엔 사람이 있어

《닭발 오리발》

베드로의 침묵 속에 먼지가 춤을 춘다
닭발의 흔들림은 오래된 리듬을 기억한다.
오리발 물결은 조용히 흙을 파헤친다.

모든 산은 꿈을 틀고 바다는 멈춘 듯 고요하다.
나는 본다. 자유롭게 혹은 집착처럼
세상을 안은 그녀의 웃음 속

봉이 김선달의 강물은 헛된 속삭임
놀부의 호리병 속엔 조롱박 그림자
작고도 반항하는 삶의 세포들

모든 산은 꿈을 틀고 바다는 멈춘 듯 고요하다.
나는 본다. 자유롭게 혹은 집착처럼
세상을 안은 그녀의 웃음 속

여름은 뜨거운 용광로 어둠은 그녀의 품에 잠든다.
그녀는 웃음 하나 건네며
모든 아픔을 삼킨다.

모든 산은 꿈을 틀고 바다는 멈춘 듯 고요하다.
나는 본다. 자유롭게 혹은 집착처럼
세상을 안은 그녀의 웃음 속이다.

《알데고리》

그림 앞에 설 때마다 숨이 막혀와
말 없는 속삭임이 나를 불러
사과를 쥔 손끝, 화살을 찾는 눈빛

알레고리 앞에서 진실은 멀리 돌아와
비너스와 큐피드 사이, 저만큼 모호한 거리에 서
시간을 들여다봐도 의미는 숨어
예술은 곧장 말하지 않아
우회로 다가와

알레고리 앞에서
진실은 멀리 돌아와
비너스와 큐피드 사이
그 모호한 거리에서

눈에 보이는 모든 게
침묵 속에 울려
나는 길을 잃어도
그 속삭임에 머물러

*〈알레고리라는 단어는 그리스어 allegoria에서 유래했고, 이는 '다르게 말하다'라는 뜻으로, 겉으로 드러난 것 이면에 다른 의미나 교훈을 담는 방식〉

《그늘에 빛이 닿을 때》

물은 낮은 곳으로 흘러가네
영리한 척은 안 해도 돼
그저 그렇게 태어난 대로
어제도 오늘도 천천히 흐르네

높은 곳에서 사라진 이름들
작은 돌 하나가 말없이 남아

빛이 닿지 않는 그늘, 아래
숨죽인 생명들 피어나네.
맨 앞줄 아니어도 괜찮아
그 자리엔 너만의 빛이 있잖아

풀 한 포기 바람을 안고
아무도 모르게 춤을 추네
세상은 알 수 없는 법이라
가끔은 잊혀진 길이 맞는 길

빛이 닿지 않는 그늘, 아래
숨죽인 생명들 피어나네.
맨 앞줄 아니어도 괜찮아
그 자리엔 너만의 빛이 있잖아,

우쭐대던 높이는 바람에 흔들려
묵묵히 선 자리가 더 단단하네.

3장

조강 날로 말 달리다

《소안도 조강 날》은 장후용 시인이 유장(流漿)한 바다의 풍경과 내면의 상흔을 교차시키며, 징용과 수복이라는 역사적 비극과 개인적 그리움을 깊이 있게 성찰한 시들은 생기발랄하게 풀어보는 줄거리다.

《소안도 조강 날》

소 안도 조강 날 성난 파도
내면은 수면에 잠겨도 좋으니
너는 바다 줄 파도처럼 내 섬망으로 밀려오라.

바람의 결이 곡선으로 부서지는
이 해안에 서서 나는 한 번도 적실 수 없는
물 위의 그림자를 끌어안는다.

영원히 여기 조강 물에 머물 것처럼,
아니 곧 전쟁터로 떠날 것처럼.

징용과 수복이야말로
유복한 글자의 모순이었으니
나는 그의 얼굴을 보며
차갑게 웃다가

다시 내 발목을 끌고 가
검은 바닷속으로 스며드는
원기의 장, 가을빛이 꺾여 드는

폐허의 연안,

기어코 나는 원석의 아버지와
부정이 우리 부모의 이름을 헤아리며
이 해안에서 어머니 아버지를 불러본다.

돌아오지 않는 메아리 속에서
죽음조차 잠 같은 고요라서 더 고독한
고요를 품은 채, 나는 끝내 물이 되어 그리운
용궁을 찾아 흘러가리라

* **시날 평지 시평 바다와 내면의 몽환적 교차**
시의 첫 연에서 "성난 파도"와 "내면은 수면에 잠겨도 좋으니"라는 구절은 현실의 격랑과 내면의 침잠을 병치한다. 바다의 파도처럼 "섬망"으로 밀려오는 그리움은, 외부 환경(격동하는 역사)과 개인감정(상처와 소망)의 동시적 표출이다.

* **부서지는 바람과 적실 수 없는 그림자**
"바람의 결이 곡선으로 부서지는 해안"과 "물 위의 그림자"는, 손에 닿지 않는 '상실'과 자신의 존재감에 대한 시인의 생생한 인식이다. 그림자를 끌어안는다고 함은, 아련한 추억과 현실 사이의 지속적인 긴장을 드러낸다.

* **역사적 모순, 유복한 글자**
"징용과 수복이야말로 유복한 글자의 모순이었으니"라는 부분에서는, 강제 동원(징용)과 되찾음(수복) 사이의 불협화음을 예리하

게 지적한다. "유복"이라는 단어의 이중성을 통해, 역사적 경험의 모순과 아픈 기억을 드러낸다.

* 폐허의 연안과 부모에 대한 호명
"가을빛이 꺾여 드는 폐허의 연안"에 이르러, 시인은 "우리 부모의 이름을 불러본다." 말함으로써, 바다의 원기(원석 → 근원적 힘)와 가족의 존재를 연결한다. 폐허와 연안은 끝과 시작, 죽음과 생명의 교차점으로 읽힌다.

* 끝의 물, 그리움의 용궁
마지막 연은 죽음조차 "고요"라면, 시인은 "물"이 되어 "용궁"을 찾아 흘러가리라 맺는다. 이는 모든 역경과 상실을 품은 채, 또 다른 세계(용궁: 이상향/피안)를 향한 소망과 화해의 의지를 보여준다.

장후용 시인의 시는, 바다의 동적 이미지와 역사적 트라우마, 가족에 대한 근원적 그리움을 중층적으로 결합하여, 읽는 이에게 깊은 여운과 사유의 장을 제공함으로 다음 장으로 이어지는 "소안도로 말 다리다"란 소설에서 찾아볼 공부라면 다음의 산문에 단편을 엮은 줄거리다.

《거울 바다 기억의 섬》 산문

나는 섬에서 태어나 바다를 오래 바라보았다. 바다는 늘 질문처럼 열려 있었고, 어떤 날에는 심연의 눈이 되어 나를 삼킬 듯했다. 또 다른 날에는 아이들의 노래처럼 나를 살려내기도 했다. 이 이야기는 내 유년의 안도감 소안도의 품 조강 날 그 바다에서 시작된다.

소년은 태풍이 휘몰아치는 원기의 바다 그 이후의 잔해 속에서 태어났다 태어남은 곧 기원전의 깨어남과 다를 바가 없다. 소년의 이마에는 백호의 표시가 찍혀 있어 불상은 하지만 범상치는 않아 보였다. 시절 좋은 시월 가을 바다 메밀꽃 파도가 철썩일 때 소년의 내면은 백호를 불러 호랑이와 마주하고, 섬망의 모래사장에서 아이들과 동화 같은 시간을 뛰어놀다 바다의 시인과 마주하고 나서 이 바다를 떠난 사람들과 죽어서 다시 이 바다 조강 날에 돌아와 다시 정착하여 사는 사람들의 이름들을 되새겼다.

소년이 살아온 인생은 귀천을 떠돌며 온갖 풍파를 겪듯 격정의 시간을 살면서도 한 편으로는 봄 소풍을 놀며 점심시간에 소사가 감춘 보물을 찾는 것과 같은 추억 더미들이 그 길 위만큼 다양한 풀 더미들로 삭아져 거름이 된 만큼 그의 파란만장한 삶은 생존과 애도, 진실과 거짓, 기록과 신화 사이를 오갔다.

이 시책은 바로 그런 단편을 모은 사례로 때론 수필이나 산문이 되기도 하고 시적인 표현은 어느새 소설로 길어지기도 하지만 그 속에 음률이 깃들어 해체된 언어들과 사투하며 기어코 연작으로 매듭을 짓는 소안도로 향하는 하나의 긴 항로다. 각 편은 서로 다른 목소리와 호흡을 품고 있지만, 결국 하나의 물음이 질문의 힘을 상징하는 입구의 해심이나 말미잘은 여기에 실린 보물지도 "어떤 이야기에 더 끌리나요?"이다. 이 질문은 신이 시인에게 묻는 물음이거나 시인이 소년이 묻는 것이고, 소년은 작가인 동시에 시책이 독자에게 남기는 물음이다.

작가인 나는 여기에 제목을 달았다. 백호를 묻는 장례, 섬의 합창으로 불린 그리움, 현실의 기록을 요구하는 보험조사관, 진실을 삼킨다고 말하는 거짓말의 신, 거울의 바다에서 만난 다중의 자아, 두 개의 이야기, 이것은 표류기의 연대기이자, 신화와 기록이 부딪히는 자리이며, 동시에 애도의 노래다. 시인인 나는 소설을 쓰며 소년에게 거듭 질문을 요구한다. "진실이란 무엇인가, 신화란 왜 필요한가, 이야기는 우리를 어디로 데려가는가."

독자는 스스로 시책을 간구해야 한다. 이 노래 같은 이야기의 줄거리를 잡고 끝까지 소년의 여정을 따라가면 섬은 단편마다 독자들 곧 자기가 자신을 안 내면의 울림에 닿는 파동의 물음이 면상의 입구와 해산의 말미잘이 그 길의 촉수임을 발견할 때 그의 개성은 멋지다는 말을 듣고 자기의 가치를 이루는 일이다.

모든 길은 하늘의 쪽빛을 거울처럼 비추는 바다로 열려 있다. 이 시책은 풍랑이 철썩이는 바다 한가운데 한 점 섬망은 무인도나 그곳의 출입은 뗏목을 타고 표류하는 3인과 무인도에 남겨진 2인 이들의 트라우마가 각기 다른 섬들이 품은 산봉우리 가마터에 수신하는 와이파이 백회의 공명에 온 우주를 돌아 열린 나선의 뿔 나팔 소리가 뱃고동이나 떠나는 바다는 나에게 다시 묻고 나는 또한 소년을 통해 독자에게 말한다. 그러므로 받아주는 바다는 언제나 질문이다. 이 시책에 대해 이제 당신이 대답해야 한다. 어떤 이야기에 더 끌리는지?

4장

소안도 미라리
조강 날 바다 짝지에서

<호랑이의 시선과 백범 김구 소년의 동화>

파도는 이미 지나갔다. 나는 눈을 뜨며 곧장 내 폐의 가벼움을 느꼈다. 물 위에 떠 있다는 사실만이 내게 남은 현실 같았다. 뗏목 위에서 나무판자가 삐걱거리며 또다시 균형을 잃을까, 두려운 마음이 밀려왔다. 우리 곁은 항상 오인이다. 그러나 동행은 삼인뿐, 옆을 돌아보니 함께 탔던 이인이 없다. 무인도에 남은 이인도 걱정되었다. 분명 다시 데려온다고 약속했는데 큰일이다. 이때부터 나는 이상한 문학처럼 증상이 이인의 해안처럼 섬망이 자꾸 떠올랐다.

"일어났구나."

깜짝 놀랐다. 뗏목에 아무도 없는 줄 알았는데 낯선 목소리가 들리다니, 한참 생각을 해보니 그 물음은 내 속에서 울려 나오는 내면의 목소리였다. 나는 고개를 쳐들고 이마를 만져보았다. 거기, 백호가 손가락 끝에 만져졌다. 멀리 끝없는 지평의 사건에 범이 내려오는 소리가 들리고 바다표범 한 마리가 물귀신처럼 머리를 바다 표면 위로 고개를 내미는가 싶더니 어디로 사라졌는지 다시 떠오르지 않았다. 앞이 캄캄하고 막막했다. 지그시 눈을 감았다. 가파른 산길엔 눈이 쌓여있다. 눈이 노을빛처럼 번져 있고, 눈동자는 내 숨결과 엮여 푸른 들판으로 흘러가자 비로소 나는 눈을 떴다. 다시 눈을 뜨자 백호인 범이 보였다.

"너, 왜 여기에 있어?"

나는 흔들리는 뗏목 위에서 비틀거리며 백호에게 물었다. 하지만 내가 물은 동시에, 내 혀가 그 대답을 알고 있는 듯했다.

"나는 네 이마 너 안에 있었던 거야. 태풍이 모든 걸 씻어낸 후에도, 너는 나를 버리지 못했어."

백범의 발톱이 나무판자를 눌렀다. 잔잔한 심연에서 파문이 번졌다.

"나는 살아남아야 해."

내 입술에서 몰래 새어 나온 독백인데 백범이 고개를 끄덕였다.

"살아남으려면, 나와 함께 있어야 한다. 너 혼자는 물결에 잠길 테니까. 내가 네 새벽, 네 두려움, 네 갈망이니까."

나는 고개를 숙였다. 내 속 깊은 곳에서 짧은 호흡이 끊임없이 들려왔다.

'숨, 또 숨, 다시 숨, 그리고 쉼'

바다는 세 번의 파문과 함께 나를 삼키고 나를 토해내듯 쉼 없이 반복하며 움직이자 볼락이 물었다.

"너는 괴물이지?"

갈치는 건 다시마 전복이 쥐치 인양 미역 하면 조강 날 내 쫄 바닷속 너 분 널 바위가 눈에 삼삼하게 보였다.

"그래 나는 괴물이기도 하고, 너의 심장이지. 잔혹하다고 부르든, 구원이라 하든, 그건 네가 선택한다."

종선 위로 바람이 스쳤다. 맨살의 소금기가 말라붙고, 어제의 태풍은 신화처럼 멀어져 있었다. 나는 잠시, 이 장면이 동화 속 한 장면처럼 느껴졌다.

"내가 정말 이 장면에서 살아남는다는 걸 시인할 수 있을까, 그리고 결국 시인이 될 수 있을까. 아니면 단지 살아남은 짐승일까."

소년은 백범일지에 기록을 남기지 않은 처지에 아기 신주처럼 이마에 범이 내려오면 백호라는 듯, 살짝 웃었다. 그때 백범은 호랑이도 바다표범처럼 바다의 웃음도 하늘의 울음도 아닌, 더 이상 되지 못한 범신론이 울음이 섞인 웃음소리를 발했다.

"둘 다. 시인은 굶주림에서 아름다움을 지어 올리고, 짐승은 그 아름다움 속에서 피를 빨아 마신다. 너는 흩어진 바다와 같은 존재다."

소년은 눈을 감았다. 파도는 여전히 심연의 혀를 놀리고, 그 소리는 마치 잠언처럼 소년의 귀에 닿았다. 나는 내 안에서 호랑이의 숨결을 느꼈다.

'숨, 또 숨, 다시 숨, 그리고 쉼'

토하는 새우는 결코 민물에 기울지 않았다. 뗏목인 종선 또한 파도에 기울지 않았다. 바다에 일엽편주가 위태로울 때 난파선이 갈등을 호소한다.

<파도치는 섬마다 그리움이 파고든다>

소년이 바닷속에 잠수한 불면, 간밤을 설치던 잠버릇이 그 바람을 따라 긴 잠에서 깨어난 상태로 뗏목의 종선은 어느덧 잔잔한 물살을 따라 푸른 섬 앞에 다다라 있었다. 섬은 고요했다. 이 고요함만으로는 살아 있는 얼굴 자체를 대면할 방도가 없다. 다른 방도를 간구할 때 곧 섬은 순간적으로 소년을 맞이하고 있었다.

그가 발을 디디자, 모래는 바위와 흙의 미약한 체온을 품고 소년의 발바닥을 문지르고 발가락 사이를 빠져나가고 있었다. 그 순간, 부스럭거리며 다가오는 작은 발소리들, 아이들이었다. 소년이 눈을 휘둥그러지게 뜨고 애들을 보니 보통의 아이들보단 그 모습이 조금 달랐다. 네 발과 두 발을 오가며, 미어캣의 그림자처럼 가벼운 몸짓으로 까마귀를 경계하듯 소년에게 다가와 물었다.

"대채 넌 누구니? 어디서 왔니?"

질문을 던진 첫 아이의 눈동자에 바람이 스며 있었고, 해변의 흰 모래처럼 반짝이는 말 빛은 맑고 청아했다.

소년은 잠시 망설이다 말을 꺼내 놓았다.

"무인도에서 뗏목을 타고 바다를 흘러왔어. 살아남고 싶어서. 하지만… 난 아직도 섬이 그대로인 것만 같아, 다른 섬에 계시는 누군가가 꼭 그리움만 같아."

아이들은 서로 눈을 마주쳤다. 웃음기가 살짝 볼우물을 스쳤다가 이내 입안으로 잦아들었다.

"섬에서는 모두 그리운 것을 품고 살아. 우리의 놀이도, 잠도, 노래도 그리움에서 시작해."

다른 아이가 덧붙였다.

"그래 맞아"

소년은 애들을 따라 서서히 걸음을 옮기며 섬의 풍경을 바라다보았다. 해안에는 바다 거품이 굳어 빛나는 별처럼 흩어져 있었고, 숲속에선 이름 모를 새들이 무덤처럼 쌓인 고목 위에서 울었다. 모든 것이 조금은 낡은 기도 같았다.

"죽음은 뭐지?"

소년의 입에서 흘러나온 질문은 바람에 실려 파도 사이로 멀리 날아갔다. 그때 아이 하나가 불쑥 대답했다.

"죽음은 우리가 서로를 기억하는 방식이야. 그리워할 수 있다면, 아직 죽은 게 아니지."

아이들의 대답은 파도처럼 리듬을 탔다.

"그렇지."
"기억이 곧 숨결이야."
"그래서 우리 섬은 잊혀지지 않아."

소년은 그들과 함께 앉아 작은 조약돌을 주워 잔잔해진 바다에 물수제비를 떴다. 아이들의 놀이는 만질만질한 조약돌을 주워 그것을 바다에 던지며 노래했다.

"돌은 가라앉고, 물결은 남아, 숨은 사라져도, 노래는 흘러가, 그래서 그리움은 우리와 함께 산다."

소년은 아이들이 부르는 노랫가락 속에서, 마음 깊이 잠들어 있던 얼굴들을 떠올렸다. 태풍 속에서 잃었던 사람들, 바다에 삼킨 웃음과 울음을, 눈가가 젖었지만, 그것은 울음과 기도 사이의 흐름임을 상기할 때 섬 아이들이 말했다.

"여기서 잠시 머물러. 섬은 너의 상처도 기억해 줄 거야."

아이들의 목소리가 한결 더 부드럽게 들렸다. 소년은 하늘을 보았다. 구름은 느릿하게 흘러갔고, 뭉게구름의 흐름 속에서 섬은 시간을 잃어버린 듯 멈춰 있었다. 그때 알았다. 이곳에서의 모든 대화가, 단순한 말이 아니라 살아 있는 시간이라는 것을, 그리고 소년은 가만히 속삭이듯 말했다.

"나는 여전히 떠나야 해, 바다로 돌아가야 해, 하지만, 여기에 있는 그리움은 함께 가져갈 거야."

아이들은 웃었다. 슬픔조차 바람결처럼 가볍게 웃음이 될 수 있다는 듯이 그런 걸 어찌하는가, 그런 소리로 들리는 것 같아 소년은 다시 바다를 바라보았다. 바다 끝 희미하게나마 그림자를 드러내고 있는 섬은 아직 사라지지 않았고, 오히려 더 깊이 그의 눈 속에 가라앉아 있었다.

<리처드 파커의 장례>

소년은 자기 이마에 한 점 콕 찍어 놓은 백호를 조심스럽게 만졌다. 그럴 때의 다짐은 바로 자기 내면의 범상치 않은 바다표범을 가슴 속 깊이 묻으려 한다는 걸 알았다. 이제 더는 살을 찢는 숨결도, 이빨에 걸린 두려움도 필요 없으므로 나는 바다 위에 철썩이고 있는 작은 종선에 백범을 태워 열반의 산소 삼아, 조용히 그를 떠나보내려 한다.

"가라, 이제 네 자리는 없다."

그러나 말끝이 닿기도 전에 내 목울대가 떨렸다. 백범은 나의 심장이었고, 죽창은 나의 칼날이었으며, 고독 속에서 거울처럼 버텨주던 그림자였다. 나는 기억을 꺼내듯, 백범의 눈을 떠올렸다. 그 눈 속에 앉아 있던 굶주림과 분노, 그러나 동시에 나를 살게 한 명령 같은 광채, 파도는 그 눈빛을 삼키듯 번져갔다.

바다가 무덤임을 나는 그때 알았다. 내 발밑에서 끝없는 심연이 열리고, 거기 흩어지는 모든 것들은 이름을 버리고 파도가 된다. 백호를 거기 무인도에 보낸다는 것은, 곧 내 안의 한 시대를 장례하는 일이고 백호는 바다에서 물범이나 바다표범이 된 순간 섬은 내 이마에 한 점 섬처럼 사막이 솟아 다시 한 점 섬망에 해리가 되었다.

나는 손바닥을 열고, 조약돌 하나를 바다에 던졌다. 물결이 부서지며 작은 장송곡처럼 넓게 번지며 잠수하는 병 속에서 전설처럼 들려왔다.

"너는 나였고, 나는 네 안에 있었다. 이제 너를 떠나보내야 나도 다시 깨어날 수 있겠지."

바람이 일었다. 바람이 내 울음을 대신 씻어주었다. 내 입술은 붙잡히듯 떨렸으나, 눈물은 나오지 않았다. 슬픔은 절제된 채 흐르지 못하고, 오히려 내 안에서 고요한 불꽃처럼 타올랐다.

"죽음은 끝이 아니라, 생존의 기억을 닫는 방식이다."

나는 속으로 계속 중얼거렸다.

"너를 묻음으로써, 나는 다시 태어난다."

백호가 된 표범은 대답하지 않았다. 그는 이미 바다의 물결과 한 몸이 되어 사라졌다. 그러나 내가 걸어 나가는 어떤 길 위에도 그 발톱 자국은 보이지 않게 내 안에 깊이 새겨져 있을 거라는 걸 나는 안다.

나는 문득 하늘을 올려다보았다. 구름 사이로 희미한 빛이 퍼지고 있었다. 장례는 끝났다. 그러나 내 삶은 아직 시작되지 않았다. 나는 다시 숨을 고른다.

"숨, 또 숨, 다시 숨, 그리고 점점 멀어지며 짧아지는 쉼"

휴! 어쩌면 이 한숨 소리가 소안도 미라리 산불 아래 이에 구석의 산소에 누워 계시고 거기서 건너편 가막산 산소를 바라보면 재(在) 넘어 안골 호수만이 오직 그 산소를 내게 주신 기도문일 터를 말해 주고 있는 듯했다.

<바다의 보험조사관>

조사관은 책상 위에 무겁게 놓인 기록철을 펼쳤다. 낡은 연필이 그의 손끝에서 굴러떨어졌고, 창가에는 늦은 오후의 빛이 더디게 드리웠다. 소년은 의자에 앉아 있었다. 바다를 지나온 얼굴은 햇볕에 타 있었고, 그러나 눈빛은 파도처럼 깊고 맑았다. 조사관은 오래 침묵하다가 말을 꺼냈다.

"그럼, 네 이야기를 해보아라. 정확히 어떤 일이 있었는지."

소년은 천천히 숨을 들이쉬었다. 두 개의 이야기를 준비해 둔 듯 여유가 있던 터라 목소리는 갈라지지 않았다. 소년은 차분하게 말을 이었다.

"한 이야기는 신화 같아요. 태풍 속에서 나는 줄무늬가 있는 백두산 호랑이와 함께 종선 위에 있었죠. 그는 나의 그림자이자 야수였고, 내 생존을 대신 짊어졌어요. 섬에 닿아 아이들을 만났고, 그들은 그리움과 죽음의 의미를 가르쳐 주었죠. 마지막엔 백호를 바다에 묻었습니다. 그것이 제가 한 일자고 불상이 말한 대로 이마의 백호로 살아남기 위해서 지불(支拂)한 장례가 백범일지였기 때문이었어요."

조사관의 손가락이 기록지 위에서 멈췄다.

"그리고 다른 이야기는?"

소년은 눈을 감았다. 목소리가 훨씬 단조롭게 바뀌었다.

"다른 이야기에는 후용이 백호나 용호상박은 섬망의 그늘에는 없습니다. 단지 커다란 섬도 육지의 도시, 빌딩 숲에 불어닥친 태풍 속에서 사람들이 차례로 죽어갔고, 나만 남았죠. 도시 모를 그 숲 속엔 굶주림과 공포, 그 이상은 없었습니다. 그러나 그 또한 사실일지는 아무도 모릅니다. 다만 차갑고 명확한 기록이 필요하다면, 그렇게 적으셔도 됩니다."

조사관은 신중하게 안경을 만지작거리며 말했다.

"허구와 진실, 어느 쪽이 더 가까운가?"

소년은 대답하지 않고 한참 침묵하다가 시선을 들었다.

"허구는 때로 진실을 품습니다. 기록은 사실을 남기려 하지만, 사실만으로는 생존의 의미를 설명할 수 없어요. 신화는 허구이되, 나를 살게 한 건 진실이었습니다."

조사관은 의자에 앉아 검사의 손등으로 연필을 굴리다 그만 책상에 풍덩 떨어뜨리고 말았다. 떼굴떼굴 굴러가던 모나미 볼펜이 마치 바다 위의 부표처럼 책상 모서리에 걸려 멈추었다가 결국 바닥으로 굴러떨어지고 말았다. 조사관이 다시 포켓에서 당구대처럼 가느다란 연필을 꺼내 만지작거리며 눈을 부라리었다.

"그러니 묻겠다. 내가 어느 이야기를 믿어야 하지?"

소년은 조사관의 눈을 똑바로 바라보며 천천히 말했다.

"당신이 선택하는 거예요. 두 이야기는 다 같은 나의 삶이고, 당신의 기록은 결국 하나만 남기겠지요. 하지만 묻습니다. 어느 이야기가 인간다운가요? 어느 이야기가 살아남을 이유가 되나요?"

마지막 질문이 방 안 공기를 가르며 메아리칠 때 부메랑인 조사관은 대답하지 못했다. 그는 기록철 앞에서 가만히 굳은 채, 눈길을 창가 저편 바다로 돌렸다. 그곳에서도 여전히 파도는 밀려오고 밀려가는 중이었다.

"어떤 이야기를 믿으시겠습니까?
소년은 미소도 눈물도 짓지 않았다. 다만 그의 침착한 목소리만이 남았다.

<시인의 장례>

소년은 다도해 남쪽 소안도 해변에서 그의 장례를 보았다. 섬사람들은 그리 많지 않았다. 바람이 곁에 앉은 손님처럼 서 있었고, 모래 위에는 푸른 그늘이 드문드문 내려앉아 있었다. 그는 헤밍웨이처럼 또는 헤르만 헤세처럼 바다에 영화로운 노아가 둔 길가메시의 시인이었다. 노인이었고, 바람에 닳은 얼굴은 언제나 물결과 한몸 같았다. 생전에 그가 지었던 짧은 노래들은 파도에 겹겹이 쌓였고, 오늘은 그것들이 장송의 파문처럼 흩날리고 있었다.

섬 집 아이 하나가 앞에 서서 울음을 삼키며 이름을 부르려 했다. 그러나 이름은 입술에서 풀리지 않았다. 별빛처럼 흩어져 바다로 녹아드는 것 같았다. 나는 그 광경을 보며, 이름이란 결국 하늘의 별자리와 같아 기억 속에서만 빛난다는 것을 알았다.

"그분은 이제 사라진 건가요?"

소년의 질문이 파도 소리보다 더 섬세하게 울렸다. 그때 틈을 타고 찾아든 종로의 한 선술집에 지짐이 타는 냄새가 소리 나는 음역의 시간대에 구성진 음률대로 느리지도 빠르지도 않게 천천히 대답하듯 가사 속에 내재 되어 흘러나왔다.

"아니, 바다가 그분이야. 들려오는 모든 물결이 그 바람의 행렬이 되고, 흩어지는 모든 물거품이 그분의 음절이지, 소 안도감엔 구도나 횡간도 노아의 배분에는 모두 다 구목리 옥산(玉山)과 마찬가지야."

아이의 눈 아래엔 눈물이 고였지만, 곧바로 바람에 증발하며 반짝였다. 그것은 울음과 기도의 경계, 아직 어린 애도의 형상 같았다.

소년인 나는 생각했다. 죽음은 소멸의 끝이 아니라, 흩어짐의 미학이다. 육신은 파도에 부서지고, 이름은 하늘에 흩어진다. 하지만 그 둘은 다만 다른 방식으로 기억될 뿐이다.

장례가 끝나고, 사람들은 발걸음을 돌렸다. 그러나 소년은 잠시 그대로 거기 더 머물러 해변의 모래 위에 혼자 서서 바다를 바라보았다. 얼마나 오래 바라보았는지는 모른다. 다만 바다가 소년의 눈을 가득 채웠고, 그것은 다시 한 사람의 생애를 채우던 영원 같은 빛이 되었다. 소년은 속으로 말했다.

"시인은 죽지 않는다. 그는 바다의 언어로만 옮겨 앉았을 뿐."

그날 밤, 소년은 바다를 등지고 걸어 나오면서 계속 그의 목소리를 들었다. 별빛처럼 흩어지는 이름, 영원히 부서지지 않는 파도는 비 내리는 완도항 선술집에서 젓가락 장단에 맞춰 잘게 더 잘게 떨어지는 소나기가 되었다.

<거짓말의 신>

나는 잠 속에서 신음을 토하며 그를 만났다. 거짓말의 신, 칼리의 그림자와도 같은 여인. 그녀의 팔은 햇살보다 많았고, 그녀의 혀에는 불빛 같은 칼날이 번득거렸다. 그는 여장 남자 네로가 사귄 로마의 마지막 황비 '스포루스-(Sporus)'와는 절대로 닮지 말아야 할 갈(葛)인 것처럼 빠르게 말을 해 보였다.

"진실은 인간을 삼킨다."

그녀의 목소리가 천둥처럼 네 귀를 찔렀다. 나는 숨을 고르며 반문했다.

"거짓이 그렇다면 너를 누가 살려 두는가?"

그녀는 웃었다. 웃음은 무수한 파편이 되어 허공으로 흩어졌다.

"거짓은 길을 남긴다. 인간은 진실에 눌려 부서지고, 거짓으로 숨을 얻는다. 너도 알지 않느냐? 진실만 말했다면 너는 이미 죽었을 것이다."

나는 그 말속에서 음모하는 송아지의 함정을 느끼며 물었다.

"나는 신화를 지어냈을 뿐이다. 그것이 거짓이라면, 왜 나는 여전히 살아남았지?"

거짓말의 신은 소년의 얼굴을 가까이 들여다보고는 속삭였다.

"신화는 가장 오래된 거짓이자, 가장 오래 버티는 진실이지. 네가 스스로 만든 종이호랑이, 그 장례, 섬의 아이들… 모두는 거짓. 그러나 그 거짓이 너를 살게 한 증언이 되겠지."

소년은 숨을 내쉬며 떨리는 목소리로 되묻는다.

"그렇다면 내 삶도 언젠가 드러나 거짓으로 불릴까. 나는 무엇으로 남을까."

그녀의 눈은 불길처럼 번졌다.

"너는 질문으로만 남는다. 진실이나 거짓보다 오래 사는 것은 질문이니까."

그 말이 끝나자, 바다는 뒤집히고 하늘은 무수한 혀로 쏟아졌다. 나는 몸을 지탱하지 못하고, 사건의 지평 속으로 블랙홀처럼 끌려 들어갔다. 그러나 마지막 순간에도 그녀의 목소리는 남았다.

"진실은 인간을 삼킨다. 그러나 거짓은 너를 증언시킨다. 너는 어느 쪽을 택하겠느냐? 너는 어느 쪽으로 살아남겠느냐?"

나는 대답하지 못했다. 오직 꿈만이 너를 대신해 나를 흔들자 나는 아침의 빛 직전에 깨어나 멍하니 서 있었다. 그때 베드로가 수탉처럼 울고 하늘엔 계명성이 처연하게 떠 있었다.

<성산포의 꿈>

소년은 바람을 따라 성산포에 닿았다. 늙은 시인이 돌아가신 탓이다. 섬이 늘 그렇듯, 성산포는 바다와 붙어 있으면서도 바다와 떨어진 얼굴을 하고 있었다. 바람은 파도에 대답하듯 흘렀고, 그 위에 오래된 기도의 조각들이 흩어져 있었다. 소년은 해안 끝에 손사래를 치며 지금 막 공중분향(空中焚香) 하는 한 노인을 보았다. 하얀 머리칼이 바람에 지는 이파리 같았고, 눈빛은 오래된 바다 그림자처럼 깊었다. 그가 바로 그 시인이었다.

소년이 말을 건넸다.

"섬은 왜 늘 이별과 같습니까?"

시인은 바다 쪽을 바라보며 웃었다.

"섬은 떠나는 자와 남는 자를 동시에 바라보지. 떠나면 그리움이 되고, 남으면 고독이 되지. 그래서 섬은 언제나 이별의 방이야."

소년은 파도 소리에 귀를 기울였다. 물결마다 흩어지며 들리는 이름들, 이미 세상을 떠난 이들의 숨결 같다고 생각하며 물었다.

"그러면, 기억은 어떻게 살아남는 겁니까? 저는 모두가 사라진 뒤에도 홀로 남은 것처럼 느껴져요."

시인은 잠시 침묵하다가, 공중에서 손가락으로 모래 위에 원을 그려 보였다. 원은 쉽게 무너졌다가, 파도의 거품으로 새롭게 그려졌다.

"기억은 바다의 습관과 같아. 사라졌다가도 돌아온다. 흩어진 것 같아도, 다시 모여 물살이 된다. 그러니 네가 기억하는 한, 그들은 없어지지 않아."

소년의 눈빛에는 안도와 슬픔이 교차했다.

"그렇다면 그리움이야말로 영원인가요?"

시인은 고개를 끄덕였다.

"영원은 항상 슬픔의 옷을 입지. 그러나 그 옷이 네 상처를 덮어주는 법이다."

두 사람은 한동안 말을 멈추고, 바다의 울림만을 들었다. 바다는 거대한 벽돌처럼 굳건했지만, 동시에 허물어지는 집처럼 흘러내렸다.

소년은 속으로 중얼거렸다.

"섬은 기억의 방이다. 떠나는 이의 이름이 기도로 남고, 다시 돌아오는 파도로 이어진다."

시인은 그것을 들은 듯 작은 미소를 남겼다.

"너도 언젠가 떠나겠지. 하지만 너의 발자국도 모래에 오래 남을 거야. 파도가 덮어도, 그리움은 기억 속에서 다시 드러나니까."

그날 성산포에서 다시 소안도로 돌고 돌아오던 날 밤, 소년은 또한 꿈을 꾸었다. 섬은 거대한 품 안의 마음이 되어 그를 품고 있었고, 바다는 끊임없이 그 품이 깃든 방안의 창문을 두드리며 영혼이 돌아오지 못하나 영원히 돌아오는 비말의 콧소리를 들려주었다.

<미어캣과 섬의 노래>

불이 타올랐다. 섬의 한가운데, 원형의 모래터 위에서 아이들이 모여 앉았다. 불꽃은 작은 새들처럼 튀어 오르며, 바람결 속으로 사라졌다. 소년도 그 불가에 함께 앉았다. 그날 밤, 아이들의 목소리는 하나의 합창이 되었다. 그들은 손을 맞잡고, 웃음과 울음을 교차하며 노래를 불렀다.

"우리는 섬의 아이들, 바람의 자식들."
"우리는 바닷물의 이름, 모래의 기억."

노래가 되풀이될수록, 섬의 전설이 불꽃 속에서 살아났다. 한 아이가 앞소리를 내면 다른 아이가 뒤를 받았다. 그리고 소년은 그 가운데서 새파란 음, 더딘 울림이 되어 잇대었다.

"어머니는 말했네, 섬은 떠나는 자의 그릇이라고."
"아버지는 말했네, 바다는 돌아오는 자의 지붕이라고."
"그러면 우리는 누구인가?"
"우리는 그리움의 합창, 사라지지 않는 목소리."

아이들의 얼굴이 불빛에 겹겹이 비쳤다. 어떤 얼굴은 벌써 떠나간 자의 그림자를 닮아 있었고, 어떤 얼굴은 아직 태어나지 않은 이를 닮아 있었다.

불은 다시 크고 작게 흔들리며, 가락을 고조시켰다. 불가와 함께 울리는 노래는 점점 하나의 기도 같았다.

"섬은 방이며, 바다는 시."
"섬은 뼈이며, 바다는 숨."
"우리는 그 안에서 숨 쉬는 이름들."
"우리는 그 안에서 잊히는 이름들."

합창 속에서 문득 소년은 깨달았다. 여기서 부르는 모든 노래는 단지 음악이 아니라, 섬이 자신을 기록하는 방식이었다. 아이들의 목소리는 곧 하나의 역사, 하나의 신화였다. 소년의 마지막 화답이 불길에 닿았을 때, 목소리는 하나로 모아졌다.

"우리는 사라지지 않아, 우리는 노래다. 기억의 심장에서 태어나 바다의 귀에 닿는다."

불꽃이 꺼지고, 모래만 남았다. 하지만 그 자리에 앉은 소년의 귀에는 여전히 합창의 메아리가 이어지고 있었다. 마치 섬 전체가 하나의 노래가 되어, 끝없는 기록을 불러내는 듯한 기억 교실 안산 단원고 세월호나 울돌목 진도의 강진이 텔레토비 티 빗소리가 '케이팝인데 솔로몬 헌 터'에서 당당이며 무속은 조강 날 수림 생달나무 후박나무 정금나무 조팝나무도 여러 가지 나무라고 말하는 줄거리인 듯 상상할 때 바란들 소 안은 다 그런 되새긴 들이라 생각했다.

<겨울 바다 거울, 하늘 쪽빛>

소년은 바다 위에 서 있었다. 물결은 없었다. 파도도 소리가 없었다. 오직 거울처럼 펼쳐진 수면이 소년의 얼굴을 반사하고, 그 얼굴 뒤로 또 다른 얼굴들이 이어졌다. 내 모습이 흔들리며 갈라졌다. 이마에 백호가 나타났다. 눈부신 금빛 눈동자가 내 그림자 속에서 일어났다.

"나는 네 두려움이자 생존이었다. 아직도 나를 불러낼 거냐?"

소년은 대답하지 못했다. 거울은 이미 또 다른 파문을 내고 있었다. 시인이 나타났다. 흰 머리칼, 바람에 깃든 눈동자. 바다가 한 강처럼 흘렀다.

"나는 네 기억의 노래다. 너는 내 애도가 되어 걷겠느냐, 아니면 나를 잊겠느냐?"

그 말은 물결처럼 덮쳐왔다가, 이내 잦아들었다. 그러는 동안 호수에 살얼음이 끼기 시작했다. 호수와 인접한 바다 또한 연해안 가로부터 서서히 짠맛을 잃어 심심해지면서 겨울은 빙판 위로 번져갔다.

한순간 연천은 갈대가 사각거리는 하늘공원을 보고 인천 앞바다에서 바닷물이 역류하여 김포를 향해 강을 거슬러 여의도까지 일렁거리며 톡 쏘는 사이다 같은 발언을 버무려 입안에 거품(bubble)을 물고 본래의 섬인 난지도에 쓰레기를 매립하여 월드컵공원으로 조성되어 바다가 육지가 되는가 싶더니, 저자도, 잠실도, 무동도, 섬들이 한강에서 순식간에 사라지고도 난 후에도 거품은 계속하여 비눗방울처럼 떠다녔다.

겨울 스포츠의 꽃인 피겨스케이트가 목동 아이스 링크에서 러시아 워를 이루며 포스터에 그려져 벽보람에 한동안 붙어 있다가 매서운 겨울 한파를 견디지 못하고 꽁꽁 얼어붙은 경제에 달라붙은 거울 하나가 빙판길을 바다로 내어 끝없이 인물 사진들을 얼음판 위에 우표처럼 떼어내고 다시 갈아 붙이며 갈라 쇼를 연출하고 있었다.

그때 한 조사관이 나타났다. 차가운 안경, 손끝에서 빙글빙글 돌아가다 흠칫 소년을 바라보다 멈칫 흔들리는 연필이 바닥으로 굴렀다. 그 순간 떨어진 만년필에 고개를 숙이며 조사관이 소년에게 물었다.

"너는 두 이야기를 줄거리를 말했지. 그래 나는 여전히 결론을 기다린다. 어느 것이 진정한 기록이 되어야 하느냐?"

소년은 간질거리며 목울대를 지나 흘러나오려는 대답을 억눌렀다. 목소리는 곧 갈라져 또 다른 물음을 낳을 것만 같았다.

그때 불현듯 소년의 육신에 인기척이 났다. 또 다른 노아가 나타났다. 소년의 형상 속에 이미 늙은 얼굴이 겹쳐 있다. 노화가 동시에 발한다.

"나는 너다. 산 자이자 거짓말쟁이, 애도자이자 구도자. 너는 나를 거부할 수 없고, 나는 너를 떠나지 않는다."

거울은 나를 반복하면서도 끊임없이 왜곡했다. 나는 눈을 감았다. 그러나 눈꺼풀 안에도 바다는 있었다. 내 안의 백호 불상의 이마나 독립문 이맛돌에 박힌 오얏꽃 복사꽃은 봄이나 시월은 황동규도 시인하여 문병란의 인연 서설 끝에 바다로 가 거기 고이 죽어가는 일을 수영하러 온달 평강이 물으면 김수영이 달나라의 장난이라며 얼음판 위에 팽이를 돌리다가 풀이 무성하여 무릇, 상사화를 조사한 촉관, 이별은 거기 하늘에 영실이 장미 한 송이를 '생텍지 페리'에게 부치면 어린 왕자 B612에 가시가 북돋운 도치법 거기 무수한 목소리를 별빛처럼 반짝이며 서로의 이름을 부르다 내가 죽을 이름들은 망자나 정말 중요한 것은 눈에 보이지 않고 구체적으로 지구는 조상으로부터 물려받은 게 아니라, 자식들에게서 빌린 것이니, 사랑이란 서로 바라보는 게 아니라 서로 같은 방향을 보는 것 등이다.

그때였다. 노아의 귓가에 소안도 큰 골 안골에 꽃 청산 보리피리 소리 나지막이 들리는 듯 어머니의 보리피리 음률을 따라 불렀다. 그러는 중에도 노아는 말을 이었다.

"나는 나이면서, 동시에 너희다. 진실도 거짓도 나, 시(詩)도, 도시도 납골의 장례도 나. 너는 바다를 비추고 나를 비춘 것은 하늘이나 연기로 가득 차 있다."

60광년 엄혹한 세월은 120년의 환갑을 이순(耳順)하여 從心所欲

不踰矩는 칠순에 팔순을 바라보다 죽거나 강건하여지면 구순이 백 살의 겨울을 거울삼아서 먼 산 풍경 굽이치는 강물 젖줄이 바다인데 뜻 모를 일이 하나임 그 물음이 갑자기 깨졌다. 물결이 쏟아지듯 흐르며, 목동 아이스링크 벽보람에 나부끼던 유명한 얼굴들이 무실하게 빛을 발하며 끊임없이 부서지며 무너졌다. 그러나 소년은 수없이 잘게 부서지는 파편들 속에서 처음으로 가벼움을 느꼈다. 마치 전부터 견뎌 온 빙판의 얼음조각들이 바스락거리며 부서지는 의성어의 그림자들이 소년을 퇴적시키지 않고, 되려 풀어주고 있는 것처럼, 늙은 목소리로 소년이 노아가 된 조사관에게 스스로 말했다.

"나는 기억의 장이다. 바다는 곧, 내 안의 본질이며 이는 곧 하늘의 품이다."

이 말을 마친 후 겨울이자 거울인 자신의 바다는 다시 고요해졌다. 바다엔 섬들이 떠 있었지만, 육안으론 사람은 보이지 않고 다만 오직 나, 바다, 그리고 조사관인 노아의 잠잠한 숨결만이 남아 있었다.

<투플러스 원은 세 이야기>

소년은 긴 표류를 마치고 모래 위에 쓰러졌다. 파도는 여전히 밀려왔으나, 그 속에는 더 이상 죽음의 냄새가 없었다. 고요, 그리고 기다림만이 남아 있었다. 그 앞에 시인이 서 있었다. 바다를 닮은 얼굴, 바람을 품은 눈동자. 시설인 그가 함박눈을 잔잔히 내리깔며 미소를 당겨 입을 열었다.

"너는 두 이야기에 하나를 더 가지고 돌아왔구나."

소년이 고개를 끄덕이며 목울대를 풀었다.

"네. 하나는 백호와 섬, 신의 목소리가 깃든 이야기. 또 다른 하나는 단순한 기록, 굶주림과 공포만이 남은 이야기, 그리고 다음 소안도로 말 달리다 종선의 배편에 실어 질 이야기죠."

시인은 파도에 시선을 묻으며 물었다.

"이 세 이야기 중 어느 것이 더 사실인가?"

소년은 잠시 대답을 망설였다. 바다는 그의 흔들림을 곧장 비추듯 잔물결을 일으켰다. 결국 소년이 낮은 목소리로 아리송하게 말했다.

"사실은 기록 쪽에 있을 겁니다. 그러나 살아남게 한 힘은, 신화 속에 숨어 있었죠. 하지만 소안도 미라리가 바로 그런 시답잖은 이야기일 수 있어요."

시인은 비로소 미소를 형상에 번지도록 말을 지어냈다.

"진실은 때로 기록보다 허구를 닮는다. 바다는 늘 두 얼굴 위에 하나가 더 겹치도록 보여주지. 시발은 원근을 돌아온 영원의 소멸, 진실과 거짓. 수태고지처럼 신화는 바로 자기 자신 각자인데 늘어난 발목에 붙잡힌 너의 이야기도 그렇다."

소년이 움찔하며 쓰러졌다. 그러나 얼른 다시 몸을 일으켜 바다를 바라보았다. 멀리 수평선이 사건의 지평처럼 한없이 열려 있었다. 소년은 신바람이 났다. 두근거리는 마음으로 돌아가는 삼각지 배호(陪扈)는 이정표가 없는 삼거리에서 어떤 길을 선택할 때 길은 두 갈래로 갈라지나 마음의 중심인 와이파이가 백회의 가마터에 꽂혀 반드시 한 길을 선택하여 걸었다. 이때 자신이 가보지 않은 길은 자기의 궁금증을 자극하는 용기로 신명이 나야 생기롭다.

신명을 받은 자가 자기라면 자신은 이런 결핍으로 인해 남은 하나의 길을 독서로 챙긴 발언처럼 속설을 발설할 때 비밀스러운 세상은 더욱 깊이 있게 그 속내를 드러내야 호킹은 빅뱅에 허준이가 받은 필즈상이 수학상 물리학의 이론으로 갈라지고 있었다. 이는 마치 씨앗을 심으면 두 싹이 남과 동시에 세 개의 길이 있는 것처럼, 처음 나로부터 시작되는 길이자 마음의 중심이 기둥이며 기둥은 심지가 꽃대를 향해 점점 튼실해지며 양날의 싹이 날 때부터 떡잎을 알아보는 Y는 하나의 파이가 점점 그 수를 늘려가며 한 기둥을 중심으로 여러 가지가 되어 자랄수록 울창하여 아낌이 없이 내주고 거두는 고추씨임을 감 씨가 계시하는 감동의 신이라는 걸 어렴풋하게나마 짐작할 수 있었다.

소년은 다시 바다를 뚜렷하게 바라보며 생각했다. 주마등 하나가 뇌리에 해리를 놓고 연육의 길을 용궁으로 뿌리를 내렸다. 마치 심해의 해심은 쪽빛 바다의 경계 너머로 하나의 씨앗을 구체적으로 심어주는 듯 뚜렷한 기억 하나가 기억 저편에서 스멀거리며 피어올랐다.

소년이었던 나는 늘 몸을 일으켜 바다를 바라보곤 했다. 수평선은 사건의 지평처럼 한없이 멀리 열려 있었고, 그 너머엔 내가 아직 알지 못하는 세계가 숨 쉬고 있었다. 그날도 마찬가지였다. 나는 삼거리에서 길을 고르지 못한 채 서 있었다. 이정표는 없었고, 마음은 두근거렸다.

한순간, 소년의 백회에 꽂힌 와이파이에서 신호가 잡힌다. 돌고래의 수신은 박쥐의 발신에서 그 비밀을 열어야 해석이다. 굴이 석화나 밀감은 굴이 아니라는 신호가 모리스 부호로 에스오 에스를 치면 낮말은 새가 듣고 밤말은 쥐가 듣는다는 낙태의 부호들이 飛沫을 풀어보아 거기 뱀은 바다를 갈라파고 혹등고래가 태곳적 원시의 섬으로 출산을 알리는 신호가 잡힌다. 눈에는 보이지 않는 신호가 섬과 섬을 잇는 섬망의 그물에 걸리지 않을 플랑크톤 시발의 상수가 30만 헤르츠다. 이는 분명 눈에는 보이거나 잡히지 않지만, 분명히 느껴지는 내 몸의 중심에서 촉법소년이 성장을 꾀하고자 산통을 깨며 퍼져나가는 울림이 분명하다.

성장통은 신음의 소리를 내며 방황이 시작되었고 그 울림은 나를 한 길로 이끌었다. 물론 그 길은 단순한 흙길이 아니었다. 그곳엔 흙으로 변하거나 다시 흙에서 태어나는 아가의 사람들이 있었다. 그들은 주먹을 들어 올리고, 결의에 찬 눈빛으로 서로를 바라보았다. 그들의 옷은 운동복이었고, 그들의 마음은 하나의 씨앗처럼 단단했다. 소년인 나는 그들 사이에서 작고 낯선 존재였다. 하지만 그들은 나를 받아주었다. "생활 건강 지도사 과정에 온 걸 환영해," 누군가 말했다. 그 말은 마치 내 안의 씨앗에 물을 주는 듯했다. 그곳에서 나는 처음으로 몸과 마음이 연결된다는 걸 배웠다. 약물 예방 교육, 심리학, 운동학, 그리고 몸을 세우는 인성이라는 낯선 단어들 속에서 나는 나를 다시 심고 있었다.

그제야 사라진 줄 알았던 기이한 음성이 실성한 대신 발성을 냈다.

"몸은 기억한다,"

듣고 보니 내 안에 시인이 있었다. 시인이 다시 말했다.

"네가 선택한 길, 네가 걷는 자세, 너의 이치가 곧 자신의 이치, 그 모든 것이 너의 삶을 만든다."

나는 그 말에 고개를 끄덕였다. 그 순간, 내가 걷는 길은 단지 물리적인 경로가 아니라 내면의 구조, 정신의 흐름, 그리고 신이 심어준 감 씨의 싹틈이 감동이었다. 감꽃의 달 달 한 맛에 감질나서 고욤은 더 도토리와 상수리 서로 키재기를 하는 동안 감나무는 더욱 울창해지고 아낌없이 내주는 신이 가지마다 검게 먹물을 드리고 있었다.

이제 소년은 더 이상 혼자가 아니었다. 수많은 감동과 함께 감 씨와 같은 아재비의 씨앗들이, 각자의 중심에서 자라나고 그때 솟는 눈물은 슬픔이 아닌 거룩한 슬픔 기쁠 때나 슬플 때나 주례는 수박과 참외보다 더 작고 작은 박이나 웃음의 본질이 눈물임을 알리는 귀한 교훈으로 주례라는 과일나무는 오이나 수세미나 여주나 수박나무와 비슷해서 꽃이 피고 열매가 열리고 자랄 때까지는 모르고 있다가 엄지와 검지 끝을 오므리는 손안에 동그라미만큼 작아 한 손가락을 깨물면 열손 가락에서 고통이 교류하는 직류가 무인도에서도 펼쳐지는 공명이론이었다.

이런 탁상공론에서 펼쳐지는 지혜의 바다엔 사회적 관계에서 갈등을 해갈하는 바로 그 프로그램 무인도에서 뗏목을 타고 별을 따라 파고를 헤치듯 세상의 모든 세파를 따라 뗏목을 젓는 파동과 같다. 세 손가락이 떠나며 남겨진 두 손가락을 다시 찾아 봉합할 걸 약속한 이상 소년은 청년에서 중장년 남녀노소 모두 노아가 되어 뗏목을 저어 나는 떠나야 한다. 메밀꽃 파도가 찰랑이는 해파랑길이 망망대해와 같다. 그래서 더욱 묻고 싶은 소년의 소나기 여름 작별이다.

노아가 초롱초롱한 눈빛을 소년의 목소리에 발했다. 시인의 음성은 바람을 따라 용산 보길도 부용리는 소안도 비자림과 버선 길 장고한 과목을 건너 가학리나 미라리 삼거리로 퍼져 나갔다.

"당신은 어떤 길 어떤 이야기에 더 끌리나요?"

그 순간, 시인은 대답하지 않았다. 오직 바람이 파도 위를 지나며 같은 질문을 되돌려 주었다.

"너는 어느 이야기에 끌리느냐?"
"너는 어느 이야기를 남기고 싶으냐?"
"너는 어느 길을 선택하여 걸어가고 있느냐?"

소년은 눈을 감았다. 두 이야기가 동시에 귓가에서 셋으로 갈라지며 고막을 울렸다. 처음으로 백호의 숨결과 조사관의 기록, 두 번째로 섬의 노래와 굶주림의 기억, 마지막으로 거짓말의 신과 무덤 같은 현실, 이 셋의 길 다 그의 삶이었고, 그를 살려낸 안도감이었다.

소년은 마침내 알았다. 선택은 대답이 아니라 열린 문이라는 것을, 바다 자체가 이미 이 셋이 나의 세상사를 품고 있다는 것을, 그는 숨을 고르며 조용히 웃었다. 그때 파도가 다시 묻는 뜻 은혜였다. 제주도에 혜은이 태어나 제삼한강교를 가창하고 있을 때 최 복실 목사가 교수하여 물었다.

"당신은 어떤 길 어떤 이야기에 더 끌리나요?"

소년은 대답하지 않았다. 바다는 대답이 되지 않은 소안도 조강 날 짝지 밭에 조약돌은 몽돌의 질문으로 가득 차 있기 때문이다.

※

한편의 에필로그

나는 이 소설을 끝까지 쓰고 난 뒤, 앉아서 오래 생각에 잠겼다. 열 편의 단편이 모여 하나의 바다를 이루었고, 그 바다 위에는 백호나 표범이나 호랑이는 하나의 뇌리인 불상의 이마에 박혀 있음을 감지할 때 시인의 질문이나 아이들과 조사관도, 대답할 때 거짓말의 신은 차도에 담소하는 여러 갈래로 흩어져 있다. 유일신은 구체적으로 다신(茶神)과 같고, 이는 더 구체적으로 다도해의 섬망을 그물로 내리면 한물에 쓸린 멸치나 고기들이 꼬리치는 물결이 소안도로 향하는 그곳의 지명임을 그리고 그것들이 모두 섬이자 섬 소년의 자아는 내 안의 그림자였다.

그래서 이 연작은 단순한 표류기가 아닌 현실에서 삶의 아픈 운동성 탁상은 바다의 심연이고, 섬은 기억의 방안이었으며, 파동은 메밀꽃으로 피어나는 생존의 이야기로 그 증거가 되어야 했다. 무엇보다 이 작품이 나에게 남긴 가장 뚜렷한 울림은, 인간은 결국 이야기로 살아남는 정치의 존재라는 사실이다.

우리는 각자 스스로에게 물어야 한다. 진실과 허구, 기록과 신화의 경계는 어디에 있는가? 소년이 보았던 것은 생존의 사실이었지만, 그를 붙잡아 살린 것은 신화였다. 그래서 마지막에 남는 질문은 오직 하나다. "어떤 이야기에 더 끌리나요?" 이 질문은 나조차도 대답하지 못하고, 다만 독자에게 흘려보낼 수밖에 없다.

숨 쉼은 각자가 나무라는 가지를 생각하며 편마다 다른 호흡을 두었다. 짧은 독백처럼 끊기던 바다의 고백, 합창과 반복으로 이어지던 섬의 노래, 차갑게 정리되는 조사관의 기록, 의식의 흐름으로 쏟아지던 거울의 바다. 그것들은 시집의 편린(片鱗)처럼 흩어져 있으나, 함께 읽히면 노래가 된다. 산문에 운율이 깃들고, 이야기가 곧장, 기도가 된다.

내가 마지막으로 손을 놓기 전 붙드는 것은 열린 문처럼 남은 결말이다. 두 이야기가 셋으로 완전하게 하나로 합쳐지지 않는다. 그것들은 오히려 끝까지 흔들리며 함께 존재한다. 그 흔들림 속에서 이 책을 받아 읽는 독자는 무인도나 바다를 마주하게 된다. 그리고 나는 믿는다. 삶도, 문학도, 그 흔들림 자체가 우리가 살아남았다는 증거라는 것을, 그래서 나는 다시 바다를 바라본다. 이 소설은 표류의 기록이자 애도의 노래, 동시에 진실과 허구가 서로를 비춘 거울이다. 지금, 이 글을 쓰며 나는 나에게 질문의 요지로 대답한다. 내가 남길 수 있는 건 한 가지의 대답이 아니라, 질문의 울림이다.

바다는 결국 질문이었고, 이야기는 대답이 아니었다. 일파만파 부서지는 파도의 울림과 물방울의 질문 속에서, 끝내 나는 살아남아야 한다.

5장

두 번째 이야기
《소안도 섬망》

<섬들은 모두 하나다>

"섬은 고립된 것이 아니다. 모든 시간은 바다로 흘렀고 초임의 바다에서 후용의 섬망은 한 점 섬이 되었다. 태초에 하나임은 원형의 점선으로 만물은 서로 떨어지며 고리로 연결된 선점들로 이는 연결된 하나가 떨어지며 이룬 나름의 고독한 섬모(纖毛), 암수는 화살의 창날과도 같아 한동안 양물은 따로따로 물길을 갈라 떼어 놓아야 수렵하여 합친 섬돌들은 그렇게 다시 고립되어 안녕을 물어야 하는 인사가 갈라의 계시가 되었을 때 성은이 망극한 인사는 고개를 끄덕이거나 허리를 숙여 납작 엎드린 자세 곧 곧추섰던 것들이 자지러진 이유로 이물질들은 낮은 곳으로 겸손하게 흐르는 바다. 해산물들이 흘린 눈물로 이룬 무덤덤한 해초는 초임의 바다이기도 하다."

배는 느리게 나아갔다. 비 내리는 소안항구에서 완도로, 완도의 선창에서 각기 떠난 종선은 성난 파도와 이내 맞붙었다. 섬을 떠난 배는 점점 바다의 중심으로 나아갔고 그때 풍랑이 심하게 일렁였다. 풍랑은 비와 함께 일렁였고 비가 세차게 바다를 때리며 흔들수록 배는 더욱 위태롭게 흔들렸고 무대는 인생의 각 발달단계에 요동치며 몇 번을 더 격렬하게 파도타기를 끝내고 이윽고 배가 섬을 벗어나 바다의 중심에 서면 섬은 태풍의 눈처럼 이내 조용해졌다.

60광년 엄혹한 세월은 뇌리의 섬망에 사건의 지평을 편 양날의 끝, 입안하는 항로에 하품이 쏟아지고 수면은 불면의 숱한 날을 흐리고 멍청하게 들어갔다 다시 나오는 동안 몽유와 같은 기억은 모친의 배안에서 열 달은 해달과 수달이 계시한다. 바닷길 깊숙이 들어서자, 물빛이 달라진다.

처음엔 흙탕물처럼 흐리던 바다가, 점점 푸르고 짙은 초록으로, 다시 줄기를 뻗어내려 푸른 하늘로 가지를 뻗고 날아가는 그새 그동안 새털은 양털로 구름은 뭉게뭉게 안개를 피우고 굵은 동굴의 석화로 수수만년 떨어지며 석순이 돋기까지 변화무쌍한 풍경은 늘 액자 안에서 바깥을 응시하는 그림으로 또는 사진으로 바뀌었다.

후용은 멀미로 어지럼을 토하기 위해 종선의 갑판에 흐느적거리며 무너질 듯 앉아 있다. 그늘도 없는 한낮의 바다 위에서 스스로 두꺼운 가면과 탈을 쓴 안면도나 가파도 당사도 제주도 섬망의 그림자를 지켜보는 내내 무언가를 움켜잡으려고 꼭 쥐고 나왔던 주먹이 맥없이 풀려버린 느낌에 황급히 다시 거두려고 주먹을 꼭 쥐었다 잡힌 줄 알고 펴보니 손바닥엔 텅 빈 물기만 남아 있었다. 소안도를 찾아 나선 뱃길은 망망대해 이제부터 어디로 흘러갈 것인지는 후용이 다시 직감(直感)할 일만 남았다.

새 울인 서울을 떠난 것은 후용의 선택이 아니었다.
저절로 입을 다물고, 저절로 등을 돌리게 된 생활, 띄엄띄엄 맥이 끊긴 인간관계, 의미를 잃은 신학교 설교 노트, 침을 삼킨 채 어이없는 말만 이어졌던 수많은 밤들. 그 모든 것들이 어느 순간, 마치 어혈이 막힌 구체로부터 몸 전체에 똬리를 틀고 앉은 용태론 아무 자리도 잡지 못할 줄 직감했기 때문이다.

무기력은 일상보다 더 넓었고, 그 안에서 후용은 점점 퇴적되어 갔다. 더는 감정도 기억도 말의 순서로 이어지지 않았다. 다만 지쳐 있었고, 비어 있었고, 어디로든 멀어지고 싶었다.

그러다 한 통의 편지를 받았다. 짧았고, 단순했지만, 왠지 모르게 오래된 질감이 묻어 있었다.

"소안도로 건너와요. 당신은 아직, 여기로 돌아올 수 있는 지도가 있어요. 보물섬의 위치는 쪽지에 있어요."

긴 침묵과 맞물린 문장 한 줄에 그는 가방 하나만 달랑 챙겨서 전세방을 나왔다. 버스와 배, 그리고 다시 종선. 온갖 상상이 움직이고 그러는 동안에도 정작 후용 자신은 자기가 정말로 도시를 떠나고 있다는 것을 실감하지 못했다.

종선은 섬들을 스치며 나아갔다. 섬들은 모두 달랐다. 크기, 빛깔, 침묵의 깊이, 사람은 보이지 않았지만 살아 있는 기척이 분명히 느껴졌다.

후용은 생각했다.

"사람도 어쩌면 저런 섬과 닮아 있는 게 아닐까, 겉으론 굳건해 보이나, 내부엔 아직 손대지 않은 별별 이야기들이 눌려 있는 채로, 깊은 수면 아래 출렁이며 흔들리는 것들은 모두 살아있는 호기심을
부추기며 말없이 용기를 북돋고 있지 않을까."

후용은 완투인 모태로 돌아가고 있었다. 고향은 떠나와도 마음은

수수만년 집단의 태초는 거기서 열 달을 지낸 동 산만한 기억을 잊지 못한다. 토하고 생각하자 기억에 생기가 돌았다. 후용은 지금 자신이 밤 열차를 타고 나주에 도착해 거기서 버스를 타고 완도로 내려와 쥐 섬인 마우스 꼬리에 장도를 달아 놓고 화흥포에서 횡간의 구도로 구목리는 노화도에 '놔 두'고 소 안을 바라본 들판, 광풍은 다소 잠잠히 바란 광야 모세의 소망은 그렇게 소 왕도 저 안에서 소안(小安)을 뛰어넘어 저수지 맞는 그대로 섬망을 넘고 마라의 쓴물을 이어도 다시 그 너머를 보리라 하면, 제 등 어디서든 청산이나 모도, 그 어디쯤을 이어도 섬들은 기냥 뇌 섬으로 다시 되돌아 나와
거기 소안도 미라리 짝지 밭인 조강 날에 잠시 쉼을 얻고 가로나 새로나 어떻든 좌로 가나 모로 가나 소안도에 새로 서보려고 완투(完投)로 들어가는 오줌의 방광은 호수의 구리다.

첩첩이 쌓인 바다의 방향은 어느 때 '스톱'하고 멈추는 자를 향해 항해하지 않는다. 움직이는 자의 안쪽으로 모래처럼 스며들 뿐이었다.

후용은 배의 진동을 따라 숨을 천천히 후하게 몰아쉬었다. 갯바람이 머리카락을 날리며 뺨을 스쳤다. 그때, 분명히 들린 전음이 있었다. 아주 멀리서, 어딘가 누군가가 말없이 그를 부르며 숨을 고르는 소리였다.

"조강 날이 올 거야, 누군가는 그렇게 말했다면 망매(茫昧)도 산불처럼 활활 타오르고, 그렇게 그날이 되면, 네 눈에 고여 있던 눈물이 흐르고, 잠든 감정도 움직이고, 모래 같은 시간은 내일의 한

날을 넘어 글피에 비로소 발밑에 자갈처럼 쓸려나가는 법도 해태(懈怠)라는 원래 원시의 법(法)이 시원의 들판이라 연옥이 구목리에 옥산가가 있어 그렇다."

후용은 소스라치게 놀라 그 전음진밀(傳音縝密)의 비말을 오랫동안 미루고 놔두고 있던 자신의 법대로 임사체험을 근거로 쓰기로 하고 이 일엽편주 나뭇잎 배를 타고 한 줄기 바다 위에서 잃어버렸던 자신을 되찾기 위한 여행길에 접어들었다.

<도선(渡船)>

파도는 떠나는 이의 등을 밀고, 남는 이의 마음을 안는다.

아침 6시 10분. 후용은 선착장에 도착했다. 하룻밤 꿈자리로는 지나치게 길었던 도시나 섬살이, 처음엔 언제든 '지겨워지면 떠나자.' 그렇게 생각했다. 하지만 막상 종선이 다가오자, 마음은 단단하지 못했다. 방파제를 돌아 밀물처럼 다가오는 '명륜호(明倫號)'는 배의 기선을 잡고 길게 기적소리를 내어 울었다. 이전에 후용이 12살 섬을 떠나 서울로 나갈 때 목포를 떠나던 기차도 그렇게 기적을 불며 울었다.

후용이 뱃고동 소리에 숙이고 있던 고개를 살며시 쳐들었다. 조강물소리가 귓가에 매미울음처럼 이명을 동반한 채 맴돌았다. 그날의 '조강 날'이 그랬다. "물살이 가장 착할 때. 파도가 등을 두드려주는 날," 이 섬을 떠나도 절대 잊지 말라고 신신당부하던 바람

소리다. 왜 그 말을 이렇게 오래 기억했는지는 알 수 없다.

후용은 짐가방을 손에 들고 한 번 더 뒤를 돌아보았다. 모래사장은 적막해 보였다. 이따금 지나가는 바람의 시선이 백사장의 소금기를 얼굴에 뿌릴 땐 눈시울이 뜨거워 소매로 눈물을 훔쳤다.

선창하면 굳이 떠나는 배를 보러 나올 이유도, 바래다줄 의무도 없는 사람들, 이런 환영이라면 벌새가 날개를 치듯 힘겨운 박수가 손바닥을 스치듯 지났다.

물고기 바구니를 든 수연이, 물안경을 목에 건 초임, 아침 일찍 바다 물때를 보러 조강 날로 나간다는 노인들, 그리고 한동안 얼굴을 익혔던 사람들. 모두 무릎 앞으로 다가와 흰 천을 들고 서 있다. 바다 대신, '누군가의 등을 위한 바람'이 혼잣말인 듯 파도 속으로 빨려 들어가듯 중얼거렸다.

"소나기를 맞고 발가벗은 듯한 느낌 벗어봤자, 몸뚱이도 적실 수 없는 비야말로 똥을 싸도 별로 대단한 일도 아닌 미친놈"

초임의 환영이 바람처럼 귓전을 파고들었다.

"조강 날은 누구한텐 '가는 날'이고, 누구한텐 '남는 날'이니 그대로 잘 가세요"

말 없는 인사는 때로 배웅처럼 말을 못 잊게 한다. 후용은 뻣뻣한 목울대를 세우고 속으로만 가볍게 숙였다. 삐걱거리는 목선이 주춤주춤 다가왔다. 선장은 고개만 까딱였고, 뱃사람 하나가 후용의 가방을 무심하게 배 안으로 던졌다.

배에 올라서고 나서도 궁금했던 후용은 마지막으로 한 번 더 사공인 도선사에게 물었다.

"저기요…"

"응……왜?!"

"그러니까 왜 거기를 '조강 날'이라 부른가요?"

담배를 입에 문 도선사는, 불도 붙이지 않고 투명한 바다 너머를 건너다보며 툭 내뱉듯 말했다.

"조강 날이 오면 짝지를 찾는 사람이 가장 집에 먼저 가고 싶어지는 날이거든."

후용이 되물었다.

"…그게 끝인가요?"

도선사가 한참 후에야 말을 이었다.

"……그래서 우리는, 배를 띄워줍니다. 설득도 말리지도 않아요. 그게 조강 날 짝지 밭이니까."

도선사의 말에 담을 수밖에 없는 후용의 입은 묵묵했다.

이윽고 종선이 출발했다. 발밑에서 철썩이는 진동이 느껴졌다. 바다는 오늘 이상할 정도로 얌전했고, 파도는 배를 이마처럼 밀어냈다. 선착장이 점점 멀어지고, 사람들의 손에 든 흰 천 조각들이 작은 연기처럼 바람에 흔들리며 전음을 전해왔다.

"누군가 웃고 또 누가 울고 있었는지는 아무도 알 수 없다."

후용이 뒤를 돌아보았을 때 부두엔 여전히 배를 배웅하며 각기 저마다 가슴에 새겨진 조약돌 하나 품고 돌아서는 발길들, 그들이 전부였다. 후용은 더 이상 되묻지 않았다.

멀어지는 섬, 멈춘 바람, 그리고 다가오는 육지, 후용이 혼잣말을 건넨다. 천천히, 그러나 아주 분명하게 자성하는 음성이었다.

"그래 후용아! 꿈속이라도 잘 왔다. 이제 정말 잘 가자."

소망을 갖게 하는 달콤한 길의 왕도는 꿈결이었다.

<종선(終線)>

숨이 허파에 닿기도 전에 아리어 드는 아침, 후용은 서울 고시원 방의 얇은 문틈에, 누군가 삐걱삐걱 구겨 넣고 간 봉투 한 장이 툭 소리와 함께 바닥을 떨궜다.

"소망의 끝?"

봉투 속엔 짧은 한 음절, 조심스럽게 눌러쓴 볼펜 글씨, 보내는 사람은 발신자 표시를 하지 않았다. 그나마 스치는 건 신학교 동기생 중 한 사람의 흐릿한 이름 초임이 어렴풋이 떠올랐다.

후용은 그대로 눈을 감았다. 머리가 막막했다. 사방도 그렇게 어둡고, 망망했다. 벽에 등을 대면, 신학원의 벽지가 덜컥거렸다. 무릎 위에 펼쳐진 편지지, 그 위로 그가 떨구는 고개가 한스럽게 눈물방울을 떨어뜨렸다.

신학원은 고시원의 복도와 같이 오전 내내 쥐 죽은 듯 조용했다. 후용은 벌떡 일어나 옷장을 정리했다. 손때가 누렇게 탄 물건들, 말하자면 이곳저곳 도시에서 떠돌며 살아온 흔적들, 그중에서도 묵은 책, 마른 김을 담아두던 반찬통, 없으면 안 될 것만 같은 '믹서 커피포트', 얼마 남지 않은 초록색 입욕제까지, 어느 한 가지도 미련 없이 더는 뒤 돌아 볼 필요 없이 버리고 싶었으나, 낡아도 버릴 수 없었던 형편, 이젠 더 이상 버림을 버티는 것도 별수 없는 일이 되었다.

버리려니 순간 가슴팍이 얼얼했다. 마치 어릴 때 강둑에서 놀다가 흙탕물에 빠져버렸던 기억의 감각이 되살아난 것처럼 묘한 두근거림이 가슴을 아프게 했다.

후용은 그날 곧장 강남으로 향했다. 그곳에서 완도로 가는 버스표를 샀다. 터미널 창밖으로 펄펄 스치는 눈발, 가방 속에 든 편지 한 장, 종선을 탈 항구까지 가는 버스는, 칠흑이 내려앉은 산등성과 시골길을 몇 번이고 돌고 돌았다. 그때마다 어두운 창밖, 검은 논, 맨발에 푹 빠진 빈 논바닥이 서서히 어둠 속으로 깊숙이 멀어지는 느낌, 모든 바란들 그런 들판은 바란 것만큼 다가왔다가 다시 멀어졌다. 그러면 그럴수록 더욱 가깝게 다가와 넓게 벌어지는 소안은 되새김이 풀 바다라는 걸 상상해 보았다.

항구는 별빛 아래, 고요했다. 밤하늘을 떠도는 비릿한 바람이 먼바다 위에서 멸치를 잡는 어부들의 등불인 쳇불을 희미하게 깜빡이며 졸음을 쫓고 있다. 매표소는 암표를 파는 곳이라도 아직 배 시간이 맞지 않은 시간엔 표를 팔지 않는 선착장은 완도 신지이고 성수기의 석장리엔 미리 표를 사려고 긴 줄을 서야 산다.

종선 매표소엔 말수가 다수 필요 없는 할머니가 묵묵히 졸며 시간이 다 될 때까지 손님을 기다리고 있다가 때가 이르러 매표소 창문이 열리자, 후용이 "소안도요"라고 말했다. 할머니는 표를 건네며 입꼬리를 작은 동그라미처럼 오므리며 말을 건넸다.

"옛 소, 가서, 바다만 봐도 되겠소. 거긴 가봐야 원래 역지사지 그걸 아는 이가 아무도 없는 곳이니까."

방언같이 들리는 할머니의 말이 의아했지만, 후용은 물어보지 않았다. 배를 탈 때쯤 손전화 벨이 울렸다. 가방에서 폰을 꺼내 문자를 바라본 후 한참을 망설이다가 그냥 호주머니 속에 폰을 집어넣었다.

한참 느러터지게 묶여있던 배가 출렁이며 방파제를 미끄러져 나갔다. 후용은 마치 물 바깥으로 처음 나가는 작은 물고기처럼, 선실 바닥에 주저함을 맞이하며 앉아 있었다. 파도 소리가 창살에 부딪혔다. 고물이 울렁일 때 뱃머리에서 물방울이 튀어 넘실거림을 보았다. 선원 한 사람이 표를 거두러 선실 안으로 들어와 표를 보더니 마치 완장을 두른 반장처럼 물었다.

"소안도에 누굴 만나러 갑니까?"

후용이 표에 눈길을 주며 무덤덤하게 답했다.

"… 아무도요. 그냥, 어디든 가보려고요."

선원은 잠시 고개를 갸웃거리며 웃었다.

"그러다가는 혼쭐이 나요. 거기 자지도 지금은 당사도 잘 못 들어가면 끝나는 선망이요. 거긴 마지막으로 오는 사람들의 뱃길이고 종선 외엔 아무 배도 못 들어간다는 말이외다."

후용은 김샌 선원의 말에 대꾸하지 않았다. 대신 창밖을 본다. 파도 넘어, 드물게 섬이 떠오르다 다시 가라앉았다. 행여 멀미하면 어떻게 할까를 걱정했지만, 다행히 멀미는 하지 않았다. 다만 자꾸 섬들이 멀어진다는 느낌에 마음이 불안했다.

"끝이라는 게, 진짜 이렇게 시작되면 어떡하지."

그런 생각에 속이 매스꺼워지자, 후용은 갑판으로 나갔다. 해풍이 불어오는 바람에 눈을 찡그리며 배 위에서 눈을 감고 육지를 걷듯 한 걸음 더 앞으로 내디뎠다. 배가 한 걸음 뒤로 물러서 더 느리게, 그러나 꾸준하게 미끄러지듯 느낌을 따라 바다를 내달려 고립된 섬
그러나 절대 고립될 수 없는 소안도를 향해 마음도 미끄러지며 나아갔다.

그리고 마침내 선창의 기적은 똑딱선의 예인선, 녹슨 쇠 굴뚝에서 검은 동그라미를 똑딱거리며 다가오는 중에 키를 잡은 선장의 스피커 마이크를 잡고 예인하는 폭풍주의보, 검푸른 바다 위에서 동트기 전 '놔 두'에서 종선은 날이 새도록 울었다.

<모래섬>

이곳 옛 섬사람들은 '노화도'를 '놔 두'라고 불렀다. 선창, 새벽바다를 건너온 명륜호가 잠시 멈춰야 했다. 종선이 내려지고 스피커가 나발을 불었다.

"폭풍을 피하고 짐을 내리고 싣는 동안, 약 1시간 정도 기상예보에 따라 시간이 연착되어 소요될 예정이니 배에서 기다리던지 잠깐 내려서 모래밭을 거닐던지 알아서 맘대로들 하세요들."

선장의 무심한 말에 후용이 창밖의 풍경을 주시했다. 한차례 배가 흔들렸고, 유리창 너머로 은빛 모래밭과 희뿌연 안개 속에 해송이

일출을 껴안고 몽환적인 해무에 휘감긴다. 해무로 인해 모습이 선명치 못해 모래사장은 좀 더 흐릿하게 보였다. 그 바람에 후용이 안내를 자처했다.

"내렸다 타시지요"

후용의 말에 짐짝처럼 몇몇 사람들이 내렸다. 막간의 시간이 주어짐은 휴식이다. 별반 기운이 없어 보이던 사람들이 우르르 선착장에 내려 바닷물이 빠져나간 모래밭에 발자국을 찍느라 야단법석이다. 후용도 금방 배를 다시 탈 생각이었는데 모래 위에 발자국들이 호기심을 자극했는지 가끔 이런 바람에 사람들이 쓸데없는 용기를 북돋아 무수하게 찍힌 모래밭에 좀 외따로 찍힌 발자국을 따라 무심코 후용이 길을 걸었다. 발자국이 끝나는 지점에 막대기를 들고 쭈그리고 앉은 할머니를 주시하고 후용이 무릎을 구부려 물었다.

"할머니 왜 여기 이렇게 혼자 앉아 계세요"

자신에게 관심을 보이자, 할머니가 기다렸다는 듯이 후용을 쳐다보며 히죽이 웃으며 말했다.

"응 서울서 왔구먼."

할머니의 목소리는 바람보다 고요했다.

"네, 어떻게 아셨어요?"

"여기선, 첨 온 사람은 꼭 무릎을 구부려, 발 고정할 데가 없어서 그래."

후용이 흠칫 놀라 무릎을 살짝 세우는 동안 할머니는 막대기로 모래판에 무언가를 쓰고 있었다.

-내일 모래, 서툰 손, 헛투로 -

"여긴, 파도가 세면 모래부터 사라진다네. 흔적이란 건, 금방 없어지는 거지, 그러고도, 또 남아, 어디 못 가고 눌러앉은 바람처럼."

후용은 내심 또 한 번 놀라며 모래사장을 뚫어지게 쳐다보았다. 모래사장에 방금, 자신이 찍은 발자국이 물결에 흔적조차 없이 사라진 걸 보고 금세기 말 바위에 새긴 암각이 자꾸 또 부서진다는 생각에 인천의 연안부두 모래가 아까운 듯 가슴이 저렸다. 자신도 모르게 울먹이는 가슴에 진동이 일었다.

"사유(唆誘)에는 꼬임이 있다. 잠시 어느 시간에는 매일 도시 사람들이 생산한 쓰레기를 파도가 치우느라 하루 두 번 밀고 세 번 쓸고 나갔다는 증거를 찾는 건 그리 어렵지 않아 보이지 않은가?"

모래내 언덕 쪽에 갯매꽃 줄기가 서로 엉켜 쓰러져 있거나 모래언덕에 다시마와 미역이 서로 엉켜 나뒹굴고 있었다. 후용은 할머니가 치워 주신 플라스틱이나 '스치로 폼'을 모래언덕에 산처럼 쌓아두고 그물로 덮어 둔 모습을 보곤 에덴동산을 상상해 보았다.

할머니 옆에 후용이 쪼그려 앉았다. 그때 할머니가 말을 이었다.

"젊은 사람은 모래 같은 거야. 누가 지나가면 금방 자국 남고, 누가 떠나가면 또 덮이고 아무 흔적도 남기지 않는 법이 모래의 법으로 도말하는 거야."

후용은 어린 시절, 모래사장에서 집을 짓느라 시간 가는 줄도 모르고 노는데 정신이 팔려 밀물이 들어와 발이 모래에 빠져 무릎까지 차오르는데 발을 조금도 꼼지락거리지 않아 마음만 허우적거리다 친구들의 도움으로 빠져나왔던 해상사고의 기억 한 줄이 떠올라 진땀을 빼는데 할머니가 계속 말을 이었다.

"무서운 건, 무너짐이 아니라 묻히고 잊히는 거야. 근데, 잊히는 것도 결국 모래랑 비슷해."

할머니는 연필을 대신하던 막대기를 내려놓으며 투덜거렸다.

"왜들 그렇게 새것들만 좋아서 저 늙어 고물 될 줄은 잊어버리는지 몰라"

투덜대며 할머니가 일어섰다. 따라 일어서는 후용을 보고 할머니가 퉁명스럽게 내뱉는 말에 투정이 아닌 우려의 사랑이 담겼다.

"종선이 곧 출발해, 얼른 가지 그래."

후용은 다시 배에 올랐다. 파랗게 부풀어 오른 아침 공기 속에서, 파도보다 먼저 바람에 의해, 모래는 흔적을 지우고 있었다. 뱃머리를 돌려 돌아가는 종선 후미로 할머니가 오랫동안 손을 흔들다 사라졌다. 모래사장도 점차 바닷물 속에 잠겨 서서히 무너지며 사라진다. 후용은 배에 올라 신발 밑창에 약간 남은 모래를 객선 위에 털어내 모래의 흔적을 지우며 한참을 생각했다.

"나는 어디까지 무너져야, 진짜로 살아지며 바다로 헤쳐 나갈 수 있을까."

멀리 아득하게 섬들이 떠오르고 있었다.

<풍신(風神)>

섬이 들썩거렸다. 바람은 섬 전체를 통째로 들었다 놨다. 후용이 소안도에 민박을 한지 여러 날이 흘렀다. 그동안 필요한 물건이 있어서 하루에 세 번 들락거리는 여객선엔 어제 부탁한 물건을 찾으려 아침 일찍 여객터미널로 나섰다.

- 기상 악화로 종선 결항 -

가는 날이 장날이다. 여객선 대합실(待合室)에 종이가 테이프에 붙어 흔들리고 있었다. 한숨은 쉬라고 있는 것 더군다나 난감할 때 보는 것이 하늘, 올려다본 하늘이 잿빛이다. 금성산 봉우리에 검은 먹장구름이 시날 평지를 휘장처럼 두르고 어느 틈에 장막을 가리고 있다.

해풍이 휙 하고 지나갔다. 산 아래, 마을들이 듬성듬성 동리의 지명을 달리하여 옹기종기 모여 앉아 있다. 짓궂은 바람 하나가 섬 집 골목길을 방황하다가 길을 잘못 들었는지 바다에 깔린 검푸른 천 조각을 찢어서 감나무에 걸치고 지나간다. 놀란 나무들이 아우성을 치고 문틈으로 스며든 나뭇잎 하나를 갈기갈기 찢어서 마음에 어설픈 장난을 친다.

잠시 멈춘 하늘이 번개를 부른 후 우레 같은 천둥소리와 함께 섬광을 번뜩이며 바람을 꾸짖고는 하소연은 임의대로 불고 사라진 말 그대로 짓궂은 바람아 오늘은 날 어디로 데려가 주겠느냐고 묻는다.

뚝! 멈춘 바람에 금성산보다 높은 가학산까지 금세 바람이 구름을 몰고 들이닥쳤다. 이 풍진 그리움과 함께 터덜터덜 민박집을 걸어 들어서자, 동청(東廳)에서 이장이 겁에 잔뜩 질린 목소리로 외친다.

"풍신이다. 풍신이 들었다!"

이장의 다급한 소리에 사람들은 순식간에 대문을 걸어 잠그고 창문을 닫았다. 마루고 봉창이고 문이란 문은 죄다 걸어 잠갔다. 얼마 후 들이닥친 풍신은 하루 종일 바다를 들썩이며 조강 날에 설치해 둔 소금 물통, 염전까지 넘보며 혓바닥을 날름거렸다.

아무리 욕해도 속이 차지 않았는지, 뒷마당에 돌을 묶어 세워둔 건 장을 벌러덩 눕혀버렸다. 후용은 몸을 웅크리며 묵고 있던 민박집 방 안에 앉아 세찬 바람 한 줄을 따라가며 무섭고도 모진 시간을 견뎌야 했다. 졸지 말아야 한다. 졸면 풍신이 수길로 나를 끌고 갈지 모른다. 지침은 졸음을 이기지 못한다.

잠시 꿈속은 평온이어도 섬의 바람은 늘 거칠다. 이전 소안도의 바람은 유독 더 매서웠다. 매섭다는 것은 이 땅에 깃든 항일운동에 대한 무서움이다. 무섭지만 자꾸 파고들게 만드는 건 기억이다. 누구에게나 고향은 아련하다. 소안도에선 아련함이 곧 민족의 고통과 저항의 감각으로 살아 있다. 이 조그만 섬. 일제강점기 내내 이 섬은 주민 모두가 투쟁의 무대였다.

주민 6천 명 중 800명 이상이 불령선인으로 낙인찍혀 감시받았고, 연이어 감옥을 드나들었다. 이름난 독립운동가만이 아니라, 기록에 남지 않은 숱한 사람들의 이름도 조강 날 앞바다에, 비자리 항구에, 또는 배 난리나 부상리, 미라리, 진산리, 맹선리 어느 동리를 막론하고 골목마다 거세게 맴돌았다.

어느 집이든, 할머니 할아버지 귀결 속에 남겨진 밥상머리에는 겨울을 이불 없이 견딘 겨울밤의 추운 기억이 뒤섞여 있다. 일제의 폭압 앞에서 '불언동맹(不言同盟)'을 맺고, 옷자락을 여미며 서로의 슬픔을 나눴다.

1909년의 토지소송, 비밀결사 조직, 소안 사립학교 설립과 강제 폐쇄, 어장 싸움…… 이 모든 대소사(大小事)마다 온 섬 주민이 함께 분노하고 함께 울고 함께 싸웠다. 그 속에 누군가는 빵 한 조각을, 누군가는 자신의 젊음을, 누군가는 사랑하는 가족과 이별을 바쳤다. 단 한 사람만의 희생이 아니라, 온 섬이 한 몸처럼 저항을 이룬 이름이다.

역사는 흔히 영웅의 이름만을 부른다. 그러나 이곳 소안도에서는 누가 진정한 유공자인지 묻는 것조차 어른들에게는 '어리석은 질문'이었을지 모른다.

해마다 바람에 휘날리는 태극기와, 항일운동 기념탑에 새겨진 이름 너머, 아직도 기록되지 않은 수많은 손길과 목소리들, 후용은 그 모든 섬사람이 항일의 희생자이며 곧 유공자였다고 생각했다.

그들은 스스로 거창한 위업을 내세운 적 없지만, 평범한 일상을 갈아 넣어 항거했다. 일제의 탄압에 맞선 삶 그 자체가 바로 공동의 희생이며, 곧 유공이리라, 섬 전체가 곧 하나의 기념비였다. 항일의 결의는 논두렁에서, 선창이나 짝지 밭에서 그리고 어린아이들의 웃음과 할머니들의 눈물 속에서도 거칠게 숨을 쉰다. 우리는 그들의 이름을 하나, 하나 다 알지는 못한다. 그러나 그들의 피와 땀, 눈물은 섬의 흙과 파도, 바람이 되어 여전히 우리 곁에 남아 있다.

소안도 섬 주민들의 어제와 오늘은 내일을 다해, 진정한 소안도 정신을 지니고 사는 후대들 또한 항일의 유공자다. 후용이 서시를 섬 망의 지명으로 서시를 쓴다.

서시

딴목섬, 비리섬, 큰목섬, 작은목섬, 웅틈새, 용치끝, 셋담, 큰고랑, 작은고랑, 이에둠벙, 냇쫄, 조강날, 상수림, 한 많은 바람과 이름 없는 바람이 깃들던 곳, 해 뜨면 파도, 해 지면 바람, 노을에 번지는 고즈넉한 물결 속에 이 땅의 역사가 살아 숨 쉬고 있다.

이 나라 국사들은 소안도의 역사를 기억하라, 소안도 바다에 고립된 외 따른 섬, 집 집마다 문턱마다 항일의 피와 눈물이 고인 곳, 그 옛날 아이들의 울음도, 노인들의 한숨도 모두가 항거의 북소리였다.

어두운 밤이 찾아오길 기다려 몰래 번지던 속삭임, 호롱불 아래 모인 어머니들의 두 손 모음, 이 땅의 이름을 함께 지키자, 우리의 계절을, 배달청년회, 노동농 대성회, 일심회, 이름 대신 숨죽인 수많은 발자국, 소금에 비린 바람처럼 퍼져간 결의, 강제로 징용(徵用)을 당해 하나둘 끌려가던 젊은이들, 어두운 감방 창살 너머 외치던 아버지들, 섬마을 누이, 어머니의 기도, 빗물과 땀방울로 거름 되어 논두렁마다 자유의 새싹이 돋았다.

갯벌에 남겨진 발자국, 발끝마다 저항의 서사, 지워진 이름, 외면당한 얼굴, 그러나 한 사람도 예외 없었으니, 불언의 결맹, 눈짓의 연대, 소 안도 그것이 곧 민족의 심장이었다. 광풍이 잠든 오늘, 태극기 펄럭이는 언덕 위, 아직도 서툰 목소리가 바로 알기로 되묻는다.

"누가 진정한 유공자인가?"

섬의 바람, 사라지지 않는 전답이 논한다.

"소안도, 이곳에 살던 모두가 희생자였고, 유공자다."

땀 흘린 농부도, 강제로 징용 간 젊은 남편도 바다로 나간 어부도, 아이에게 젖을 물려 허기를 재운 어머니들도, 저물녘의 할아버지 지게와 바작에 실린 그날의 꿈 틀과 저항을, 침묵의 동지들이 골목마다, 골짝마다 서로 나누고 함께 짊어졌었다.

이제, 바다를 스치는 바람이여, 소안도의 기억을 전하라! 기록에 남지 못한 사람들의 이름들을, 사무치게 불러내라, 섬 하나가, 섬 전체가 한 편의 서사시가 되어 역사의 먼지 속에 영원히 빛나리라.

소안도 미라리 섬마을, 초가삼간 앞마당에 핀 무궁화는 그날따라 유난히 조용해 보였다. 태풍이 밤새 몰아치고 간 뒤였다. 짙은 회색 구름 아래, 화단 한쪽에 쓰러진 무궁화 한 송이가 눈에 들어왔다. 바람에 꺾여 땅에 닿은 분홍 꽃은 마치 아파 쓰러졌지만 아직 숨을 거두지 않은 사람처럼 보였다. 나는 그 앞에 가만히 앉았다. 바람은 이제 잠잠했고, 파도 소리만 멀리서 들려왔다. 무궁화를 바라보는 순간, 문득 조국의 아픈 시간을 떠올렸다.

무궁화는 우리나라를 상징하는 꽃이자, 일제강점기 민족정신을 지켜낸 상징이었다. 그렇게 꺾이고 또 피었던 꽃. 마치 태풍 속에서 꺾여도 다시 일어서는 노란 무궁화꽃처럼, 우리 민족도 수많은 폭압 속에서도 강인하게 맞섰다.

태풍이 따뜻한 바다에서 수증기를 올려, 거대한 회오리를 만들듯, 일제의 압박 속에서도 뜨거운 민족의 의지가 끓어올랐고, 이름 없는 수많은 사람들이 그 순환의 중심에서 몸을 던졌다. 그들도 외쳤을 것이다. 다시 피리라, 몇 번이고 다시 일어서리라.

태풍이 만들어지는 원리는 참 질서 정연하면서도 치열하다. 따뜻한 해수면에서 쉼 없이 올라가는 수증기가 무언가를 위해 전부를 내주는 듯 하늘로 치솟고, 그 과정에서 '잠열'이라는 보이지 않는 에너지를 품어낸다.

열은 또 다른 열을 낳고, 그것이 엄청난 상승기류가 되어 태풍의 몸집을 키운다. 마치 항일운동이 그러했다. 이름도 얼굴도 알려지지 않은 수많은 이들의 숨은 희생과 뜨거운 마음이 민족의 거대한 흐름을 만들고, 다시 살아갈 힘과 희망의 회오리를 만들어냈다.

그 중심에는 무수한 '눈 벽'이 있었다. 가장 치열하고 가장 고통스러운 자리에서, 묵묵히 태풍을 이끌며 끝내 꺾이지 않은 사람들, 외딴섬, 소안도는 역사의 바람에서 결코 고요한 곳이 아니었다. 일제의 눈을 피해 피신 온 독립운동가들이 머물렀고, 섬사람들은 그들을 품었다.

그렇게 만들어진 저항과 연대의 바람이 또 다른 태풍이 되어, 바다 건너를 울렸다. 여기 화단에 지금 누워 있는 저 노랑무궁화처럼, 잠시 꺾일 뿐이지 꺾인 건 영원히 꺾인 게 아니다. 후용은 맹선리

가학산 아래 가학리 거기 버선의 한 과목 둠 섬에 새초롬하게 핀 무궁화를 조심스레 일으켜 세웠다. 흙을 털어 다듬고, 줄기를 다시 세워 지지대를 세웠다. 태풍은 지나가고, 해는 다시 떠올랐다.

고향 집 동네마다 집집, 앞마당에 또다시 무궁화는 피어난다. 우리 민족이 그래왔듯이 바람에 쓰러지더라도 다시 일어서는 정신, 꺾일지언정 뿌리까지 뽑히지 않는 끈질김, 그것이 무궁화의 생명이고, 우리가 기억해야 할 항일의 역사다. 이 조용한 섬마을 한켠, 작고 고요한 화단에서 이 이야기는 다시 시작된다.

무궁한 바람 속에 소안도 미라리, 초가삼간 앞마당, 비에 젖은 화단 한쪽 한 송이 무궁화가 고개를 숙였다. 밤새 태풍이 바다를 뒤흔들고 산을 넘고 지붕을 때리고 꽃잎 하나를 꺾었다. 바람은 몰랐다. 쓰러진 꽃잎 하나에 백 년을 견뎌낸 뿌리가 얼마나 깊이 박혀 있는지를 뜨거운 바다에서 시작된 태풍처럼, 한 민족의 뜨거운 울분도 하늘로 솟구쳤다. 이름도 없는 이들의 숨결이 구름이 되고, 비가 되어 폭풍을 만들었다.

무섭게 휘몰아친 그때에도 무궁화는 철마다 피었다. 불령선인의 감옥 창틀에도, 산골 오솔길 햇살이 비친 누군가의 가슴팍에 먹먹하게 나부끼는 깃발처럼 풍신(風神)이 되묻음은 쓰러진 걸까, 아니면 잠시 고개를 숙인 걸까, 저녁 무렵, 언제 그랬나 싶을 정도로 세찬 비바람이 잠잠해졌다. 마을 동청(東廳)에서 어촌계장이 마을 사람들에게 외치며 지나가는 후용을 불러 세운다.

"굴 껍데기 좀 함께 퍼다 나르게 이리 와요."

후용이 그 말에 갑 바를 입고 따라나섰다. 방파제 곁 창고 안엔 지난 철에 모아둔 굴 껍데기를 담아놓은 자루들이 산처럼 쌓여있었고, 몇몇 섬사람들이 마스크를 하고 삽질로 파인 길의 웅덩이를 진즉부터 메우고 있었다.

"파도가 칠 땐, 이런 걸로 도로를 누릅니다. 길을 바다로 돌려놔야 배가 다시 들어오죠."

묻기도 전에 어촌계장이 일러준다. 계장의 말에 후용은 고개를 끄덕이며 자루 하나를 들었다. 습한 자루에서 비릿한 내음이 흘러나왔다. 섬 일은 끝이 없었다. 손이 얼얼하고, 허리가 끊어질 듯했지만, 후용은 말없이 계속 손을 거들었다.

그렇게 굴 껍데기 울력을 마치고 나니, 동청 옆 제등에 지어놓은 작은 복지관에 사람들이 모여 잔치를 열고 막걸리를 돌린다고 아직 가지 말라고 어촌계장이 복지관 앞에서 후용을 불러 이른 말이다.

"옛날에 이 터는 태풍이 불면 동체가 횃소리를 불던 낡은 봉수대가 있었네"

그러고 보니 복지관 옆에 둥그런 돌기둥 네 개와 푸석한 석비(石碑) 하나가 세워져 있고 풍화된 글씨가 희미하게 빛을 발하고 있었다.

『조강 날이 불면, 한 영혼이 돌아간다.』

"저거, 무슨 뜻이죠?"

후용이 물었다.

"응"

어촌계장이 고개를 끄덕이며 말을 이었다.

"옛날부터 이 섬에는 죽어도 억울해서 떠나지 못한 누군가의 원기가 남아 있는데 조강 날은 바로 그런 물이 지고 창수가 나 바람이 지면 그자가 돌아온다는 뜻이라고 했어."

징 소리가 크게 울리고, 이어서 꽹과리가 마을 동청(東廳) 복지관에 모인 사람들의 흥을 부추겼다. 너 나 할 것 없이, 한 사람씩 비석에 술잔을 들고 세배를 돌리며 봉수대 상다리에 아주 조금씩 찔끔찔끔 뿌리고 남김은 아주 많이 남겨서 입으로 가져가는 순간, 정적이 울고, 막막한 장벽은 숨도 들이켜지 않고 벌컥벌컥 마신 술기운에 취해 바람도 끊기고 사람들의 말소리도 멎었다.

이때부터가 클라인 필터 증후가 나타나 술에 취해 모두 곯아떨어진 사람들의 무릎 사이를 기어다니며 지친 후에야 정말로 취한 사람들이 비몽사몽간에 깨어나 자신들의 허벅지를 꼬집어 잠들지 않아야 누군가 기다리는 사람이 찾아오면 만나야 한다고 중얼거리자, 예외 없는 후용이 자기 허벅지를 꼬집으며 질문을 던진다.

"근데, 누가 누구를 기다리는 건지 잘 모르겠네요. 그러니까 내 말은 남겨진 사람들이 기다리는 건지, 돌아갈 사람들이 기다리는 건지…"

어촌계장은 긁던 다리를 내려놓으며 다소 혀 꼬부라진 소리로 옹알거리듯 말한다.

"그러니까. 풍신이 들면, 누군가는 다리에 끈을 묶고, 누군가는 끈을 끊어요. 대개는 끈이 너무 너덜너덜해서 자신도 모르게 끈을 놓는 경우가 많아"

밤새 후용은 잠을 이루지 못했다. 바람이 자지러지고, 섬이 숨을 죽이는데 오히려 그의 마음속은 더 요동을 쳤다.

"나는 끈을 꼭 잡고, 있는 걸까, 아님, 이미 놓아버린 걸까."

물음은 어느새 가슴팍에 돌덩이처럼 눌러 앉아 있다. 야밤은 그렇게
깊은 정적 속에서, 저 멀리 어디선가 미약하게 울던 종의 여운을 다시 청아하게 울리는 소리를 꿈속 인양 들은 듯, 한데 기분 탓이었겠지만, 그 소리는 마치 이런 말 같았다.

"우우웅(牛牛熊), 후용, 너는 아직 여기 있다."

순간 잊어버린 언어에 대한 깊은 상념(想念)이 떠올라 후용이 독백처럼 뇌까려졌다.

"나는 아직도 그 소리를 기억해, 처음엔 그저 귓가를 스친 바람 소린 줄만 알았지, 하지만 아니었어. 단어였고, 문장이었고, 누군가 아주 오랜 시간 동안 간직해온… 어떤 의미였던 거야."

그렇다. 입술 끝에서 굴러떨어지던 언어들, 누구도 쓰지 않고, 아무도 알아듣지 못하는 말, 꼬부랑 나무나 할미꽃의 언어로 '놔두'의 모래섬, 할머니는 나에게 일종의 슬픔을 말해 준거다.

후용은 한 영상을 떠올렸다.

"아버지가 숭어를 낚으면 갈치는 침묵 속에서 분노를 숨겨놓고 겉으론 나를 사랑한다고 하였지."

지금 생각해 보면, 참 이상해. 그런 언어론 사랑을 말할 순 없는데, 알쏭달쏭한 언어가 느꼈던 감정은 아직도 명확하게 내 감정에 남아 있다. 왜일까? 말은 사라졌는데, 말을 담았던 마음은 여태 그대로 여기 내 가슴에 남아 있는 이 기이한 느낌, 귓전에 대고 '놔두' 할머니가 전음(傳音) 진밀(縝密)처럼 빽빽하게 묻는 소리에 억장이 무너지는 소리가 들린다.

"그 말 하면 뭐가 달라, 지남, 사라진 건 사라진 거고, 그럴수록 지남철은 극도로 밀어내는 극성만 서로 바꾸려고 야단법석이지."

멍청해진 후용이 다른 사람들의 뜻 모를 이야기를 알아들을 수 있도록 입을 달싹였다.

"할머니, 내가 밀어내도 자꾸 따라와 말문을 잇지 못하는 건, 말이 아니라, 떨어지는 열매의 말이 내 안에 남긴 떨떠름한 감람나무 입김이 문제라고요. 할머니가 말을 전할 땐 나는 나도 모르게 혼잣말처럼 그 언어를 주사기라고 생각하며 둘 다 흉내를 낸다니까요. 그럴 때 그보다 앞서 고욤이나 포도청이 감동이라고 젖을 붙임이 물리라고 생각하는 이만 가설은 자꾸 나머지가 돌 떨어진 조약이라고 자꾸 강조하여 조강 물에 덜떨어짐이 아름 다 없는 모래라고 입술에 침을 바르고 바른 소리로 말하는 걸 자갈 물리는 입이라고 생각이 먼저 대갈통에 든다니까요."

할머니의 말은 위로였다.

"그래 알아, 술과 술을 나눠도 주술이 낡은 악기처럼, 혀가 삐걱댔고, 주정한 의미가 어둠 속을 더듬다가 어디를 더듬을까 깜박하고 불 언, 중 생각 밖의 기억이 자리공인데 그중에 또 자꾸 섬 자리공 열매가 까맣게 붉다 사라지곤 한단 말이지?"

내가 그렇다고 고개를 끄덕인들 보이지 않는 신인데 후용의 의태어를 알아차릴 일이 없음에도 모래섬 놔 두 할머니가 위로(慰勞)는 세우고 가로는 더하고 다시 빼고자 함이 나누고자 한 전음이니 나는 진밀을 보아야 뱀의 전신을 보리라 하니 살이 떨려도 보기를 범했다.

"그냥 둬, 어떤 말들이 입안에서 한 번만 더 살아 숨 쉰다면, 새삼 듣지 못한 육두문자는 실은 욕이 아니라 구수한 숭늉이여"

한참을 생각하고 다시 듣고 보니 할머니 말이 맞는 것 같다. 왜냐하면 언어는 잊힌 게 아니라 우리 안에 모든 의태어 의성어 한숨마저도 아직 내 안에 살아 있다면 이제 수림은 보림(寶林)이나 마지막 울림이 림보인 까닭에 돌은 연옥을 품고, 내 안에서 고요하고 태연자약하며 기세 없는 기세로 당당하게 웃고 있다.

그렇다면 풍신의 수길(綏吉)이 지금, 이 순간에 안녕이라는 계시를 꺼내보아도 그걸 또 다른 뜻이 있음을 다 말해 뭐해, 솔직히 안 그래, 그게 보고 싶은 우리들 속 알 머리들이 아닌 감나무 감 씨, 우린 모두 다 신의 시 다발의 인지다.

<검푸른 벽화>

소안도에 머문 어떤 날들은 섬의 적막이 낮과 어둠 사이에 짙게 드리워져 절대로 일어나서는 안 되는 말도 안 되는 일들로 인해 어스름한 저녁이나 캄캄한 밤중에 더 거세게 불어닥친 탓에 사람들 가슴에는 더러 어떤 폭풍전야와 같이 터지기 일보 직전과 같은 갈등(葛藤)과 아픔이 커다란 슬픔으로 남아 있다.

이런 의성어는 바람처럼 또는 튀는 침방울처럼 서로 다른 어떤 비밀스러운 코로나19와 같이 비말(飛沫)이나 재채기의 의태를 드러내는 하나의 상처거나 어떤 면에서는 흥을 들어내는 비말(緋襪)스럽고도 비밀스러운 그런 태도나 환경이 섬 곳곳에 짙게 드리우고 있다.

그런 풍경이 마치 유약한 볕이 짧은 산그늘을 밀어내고, 서산 너머로 서서히 잠기는 바다가 지난밤의 풍랑을 아직은 다 씻어내지 못한 채 눅진한 회색빛을 깔아뭉개고 밝은 오늘과 다름이 없는 내일의 일상인 줄 안다. 후용이 마을회관 게시판에 붙어 있는 전단을 본 건 지금이 아닌 바로 그때 그저께였다.

"수심 측정 요청에 협조 바람, - 도청 해양 담당팀 -"

후용은 며칠 전부터 이 섬의 확실치 않은 마을이 존재했었고 거기에 혹 있을지 모를 사제 폭발물 또는 숨겨둔 물건들이 발견될 수 있을지 모른다고 젊고 낯선 인물이 섬 곳곳을 돌아다니며 울창한 수림이나 산의 지형과 그 아래 해변의 얕은 물길을 측정하고 다닌다는 소문을 들은 바 있다.

동네 이장의 말이다.

"그런 깨 소안도 내막을 좀 잘 아는 토박이 옛날 동네 지명과 마을에 대한 전례를 잘 아는 사람을 구한다고 안 해, 아, 지금 이녁 갯 것들 하러 다니느라 눈코 뜰 새도 없지, 그런 디, 알바는 무슨 얼어 죽을 알바여 알바는 시방"

후용은 협조문 꼼꼼히 살피다가 '수심뿐 아니라 산의 지형이나 수림까지'도 함께 기록할 협조자를 찾는다는 구절에서 눈길을 멈출 때 뒤로 다가오는 인기척을 느끼고 무심코 뒤를 돌아보았다. 전단을 붙인 공무직원이다, 청년은 진청색 점퍼를 입었는데 젊고 호기가 있어 보였다. 청년이 내심 의심이 가득한 눈으로 쳐다보며 물었다.

"오늘 알바를 신청한 분이 선생님이신가요?"

후용이 붉어지는 볼을 어루만지며 궁색한 말을 지어냈다.

"알바라니 아니 뭐, 알바라기 보다는 거시기"

후용의 말이 끝나기도 전에 청년이 말했다.

"당신은 도시 사람 같은데요."

직원이 자신의 얼버무리는 말을 토막 내자 발끈한 후용이 내심 더 단단하게 꼬인 말을 선보였다.

"아니 뭐 손바닥만큼 작은 섬인데 제가 모르는 곳이 어디 있겠소. 무심도 소신이니 잠자코 따라오려거든 날 잘 대하소"

토라진 채 후용이 앞장을 서자 청년이 그를 제지하며 말했다.

"아니 그쪽이 아니고 이쪽 해류선 스캔 라인 위에 있는 여기 이 지점에 마을이 있을 확률이 높지 않나요?"

비쩍 마른 얼굴로 중얼거리듯 나불대며 말하는 젊은이의 이름은 한기수였다. 기수는 배낭에서 수심 측정 장비를 빼내 지표를 갈치며 섬 여기저기 유수지나 저수지 할 것 없이 특히 수원지 바닥은 좀 더 자세히 찍고 수치를 기록해야 한다고 후용의 귀에 일러주었다.

후용은 알바생이 아니라 기수를 돕는 자원봉사자로 명칭을 바꿔 달라고 하여 어디까지나 자발적으로 이 일에 함께 참여 한다는 조건으로 일을 하기로 하고 어색하게 악수한 뒤, 둘은 오래된 죽담 터가 남아 있는 옛 마을 안골로 발걸음을 향했다.

한참을 올라도 수원지나 예 집터가 보이지 않자, 기수가 숨을 턱에 모으고 말했다.

"지금 가는 곳이 지도엔 지명도 이름도 없는 곳이더라고요. 그러니까 섬 주민등록상으론 마을 자체가 아예 없다고요."

후용이 벅차다는 듯 호흡을 조절한 상태에서 물었다.

"거참 잠자코 따라오기나 하시게 움막이야 이미 수원지 아래 고인돌 옆에 잠겨있을 터고 여기는 지금 안골이니 좀 더 가야 큰골이 나오니, 거기 큰골 저수지가 이 마을 수원지 옆에 어쩌면 수몰을 피한 폐가나 집터가 남아 있지 않겠소."

폐가는 산 중턱에 드문드문 흙 돌 짚을 뭉쳐 담을 세운 죽담, 그런 집들이 군데군데 남아 있고, 지붕이 균열로 무너진 곳곳은 헛간인지 집인지 모를 정도로 말라비틀어진 돼지감자 껍질이 여기저기 널브러지다가 다행히 비를 만나 싹을 틔웠는지, 울창하게 우거진 노란 돼지감자 꽃을 보고 한때 이곳이 마을이고 돼지감자를 주식으로 사용했거나 차로 달여 마시려고 뿌리를 말려 널어놨던 흔적이 대사리 소쿠리에 물들어 산수화처럼 흩어져 있는 여백을 미루어 보아 이 터가 예전 동리를 짐작하기에 충분했다.

벼락들은 이미 허물어져 허리가 굽은 채 땅처럼 굴곡을 이루며 쓰러져 있었는데 아직 남아 있는 담벼락 가운데 유달리 높다란 언덕 같은 담벼락을 기수가 가리켰다.

"저 벽 좀 봐요."

후용이 기수의 검지를 따라 벽면에 시선을 고정했다. 그리고 '혁(塪)' 하고, 마른기침을 한 번 토해내고 말을 이었다.

"담벼락은 이미 오래전에 허물어졌는데 누가 일부러 벽을 세우고 거기 덧칠한 듯한 검푸른 자국을 벽보람(壁報覽)에 그려 놓았네"

둘은 누가 말할 것도 없이 벽보로 달려갔다. 벽보람은 해풍에 씻겨 나가고, 푸른 바닷빛이 희미하게 남은 선들을 가늘게 글 선을 내고 주위는 푸른곰팡이가 희뿌옇게 색을 바라고 있었다.

"저게 무슨 뜻이죠?"

기수가 갈치는 거기 중간에 '조강 날'이란 문장 하나가 흐릿하게 빛을 발했다. 예리하게 그림을 바라보던 후용이 덧붙였다.

"…벽화예요."

기수는 고개를 갸웃하며 후용의 말에 소리를 죽여 물었다.

"요상(僚相)하네요. 누가 왜? 이런 데 이런 걸 그렸을까요?"

후용이 알쏭달쏭한 말이 뒤를 이었다.

"어쩜 지도란 비명인지 염원인지…"

기수가 생각난다는 매고 온 상자에서 드론을 꺼내 조립한 후 죽담벽을 촬영했다. 기계음이 윙 하고 울기까지 후용은 언덕을 기어올라 벽에 다 달아 가만히 손을 벽보람에 얹어 보았다. 손바닥에 시린 감촉이 손끝에 느껴졌다. 기수는 문화재라도 발견한 양 들떠 있었다. 이것저것 주문하는 말도 많아졌지만, 탐사의 분위기는 해치지 않았다. 섬지방 공무원들이 자주 마신 공기 특유의 느슨한 리듬이었다.

큰 산일수록 산그늘이 빨리 내려앉는다. 땅거미가 지고 어둑해지자, 이제, 그만 조사를 마쳐야 할 시간일 때 해거름은 더 빨라지고 내일은 그래서 다시 모래로 돌아가는 길, 하산하던 기수가 생각난 듯 말했다.

"사실, 저는 이런 데 오는 게 좀 무섭긴 해요. 그래도 그런 스릴감이 좋아요. 뭐랄까 좀… 묻혀 있다는 느낌?"

후용이 반문했다.

"…묻힌다고요?"

기수가 고개를 끄덕이며 말했다.

"네, 세상이 늘 '소리'만 내니까, 이렇게 말 잊은 공간에 오면 여기서 좀 묻혀 있고 싶단 생각에 저절로 고요해지는 마음이걸랑요."

후용은 그 말에 무심코 고개를 끄덕인 것처럼 보였지만 마음 한구석 어딘가에 기세가 살아나는 것 같은 느낌이 들었다. '묻혀서 진다는 것' 그건 바로 때로는 꿀 먹은 벙어리 꿀단지같이 조용한 말의 의미를 아니까, 다시 말해 내공이 실린 마음이니까, 그러니까 어떤 부재, 혹은 철저한 기피 그쯤 깨달아지면서 자신이 이 섬에 발을 들였던 것도 사실 좀 묻히고 싶기 때문임은 아닐는지, 암튼 어찌하던지 잠시 기수 그의 기세를 모르겠다는 생각에 후용은 기분이 조금은 섬찟해졌다.

그날 밤, 용기는 무서움을 견디며 일어나는 호기심이려니 이미 깨달은 지 오래라, 무서움을 떨치는 방법은 정체를 밝히는 일 외엔 없다. 후용은 와사등을 켜고 혼자 그 폐가 마을을 다시 찾았다. 횃불이나 손전등 그리고 기수도 대동하지 않고, 단지 달빛을 등대 삼아 그 벽 앞에 섰을 때 찾아오는 소름은 오싹함이고 대부분의 꽃잎은 다섯 손가락의 오양지로 정자를 짜내는 정물화다.

눈에 익었던 청색 페인트 자국, 숨겨진 속 문장 '조강 날'을 눈을 감고 오직 육감만을 손끝에 모아 벽의 등을 더듬었다. 그러지 거기, 조강 날 다음에 또 다른 문장이 희미하게 손끝에 만져지며 점자처럼 차차 드러나기 시작했다. 촉감이 떨리고 글씨가 점차 묵직하게 드러났다.

『여기 있었던 사람들, 모두 돌아오지 않았다. 하지만 나는 아직 여기에 있다.』

손끝이 바르르 떨리다 못해 후용의 온몸이 더 파르르 떨었다. 왜, 이 말이 이토록 가슴에 비수를 꽂는 느낌일까, 심장이 멎을 것 같은 가슴이 고동치자, 후용은 순간, 털썩 땅바닥에 주저앉아 한참 동안 눈을 뜨지 못했다. 심장박동 소리가 폐가 안에 울리고 정적이 고동치자, 저도 모르게 벽에 그려진 검푸른 선들이 깊은 뇌성의 바다를 가르며 어디론가 숨을 곳을 찾다 길을 잃었다. 기절초풍한 순간은 항상 이런 풍경으로 꿈속처럼 아득했다.

바로 그때였다. 희미한 불빛이 조리개의 동공을 조이는 듯한 손자국이 세차게 흉부를 압박하고 뺨을 후려치는 소리가 들렸다. 팍팍한 가슴팍을 짓누르며 거친 숨을 몰아쉬며 엉덩이가 배 위에서 출렁일 때의 전파는 인공으로 호흡하는 소리 곧장 깨어나란 말이다.

"거기 누구 없소"

겁에 질린 말이 멈추었다. 정적이 흘러가다 이내 멎은 숨소리를 다시 냈다.

" 휴 이제 정신이 들어요, 나예요. 기수"

기수가 자신의 입에서 입을 땐 채 말을 열어 운을 뗐다.

"저도 궁금한 건 못 참는 성질이라서 무섭게 내친 발걸음인데 깜

깜한데 둘이 딱 마주친 순간 기절해 쓰러졌다가 깨보니 옆에 당신이 쓰러져 있지 뭐예요."

후용이 멀뚱멀뚱 기수의 얼굴을 쳐다보자, 기수가 다시 자초지종을 설명했다.

"그러니까 낮에 조사한 벽보람에 새겨진 '조강 날', 저 단어가 계속 신경을 건드리니까, 섬사람들한테 물었는데 아는 것 같긴 한데 도무지 입을 다물고 금기라고만 하니까 궁금해서 참을 수가 없어야죠. 호기심이 발동하여 내친김에 부리나케 달려왔다 이 모양이네요."

후용은 일어나 게슴츠레한 눈으로 기수에게 고맙다고 인사를 하고 벽화를 쓰다듬어 보라고 턱으로 눈짓을 보내자, 기수가 벽을 눈으로 더듬듯 바라봤다.

『바다생물, 섬, 비명, 풍 신 수길』

글자의 가장자리에 작은 글씨들을 더듬다 풍 신, 수길에 머물자 놀란 듯 소리쳤다.

"뭐야 일본말인가?"

그때 강하고 서늘함이 휙 하고 언덕을 빼고 산들을 바람처럼 지나갔다. 오싹할 틈도 없이 남루한 외투를 입은 사내가 둘의 눈앞에 불쑥 나타났다.

"꿀꺽"

두 사람의 목에 침 넘어가는 소리가 동시에 합장하듯 침을 삼킬 때 불호령이 떨어졌다.

"너희는 왜 이 섬의 벽을 건드리나."

사내의 목소리는 심연처럼 가라앉아 있었고 후용이 떨리는 목소리로 물었다.

"당신은… 누구죠?"

사내는 창밖에 흩어진 별빛을 한참 동안 바라보다가 입을 열었다.

"나는 풍신이자 수길이라 불렸던 자로 도요토미 히데요시, 바다를 건너 이 땅을 탐냈던 자다."

기수가 한 번 더 꿀꺽 숨을 삼키며 억지로 묻는 듯 얼버무렸다.

"왜 이곳에? 당신은 이미 그 옛날에 죽은 지, 오랜데."

기수의 말이 끝나기도 전에 풍신이 벽화로 다가가 손끝으로 '조강날'이라 쓴 글씨를 어루만지며 말을 토했다.

"나는 기억의 벽을 넘어왔다. 이 섬의 바람, 바다는 벌써 427년 넘는 긴 세월을 품었다. 내가 남긴 고통과 야망, 여기 아직도 이렇게 머물러 있다. 죄를 보았지"

후용이 벽에 그려진 비명과 바다생물을 따라가며 처연한 목소리를 발했다.

"왜 후시미성에 있질 않고 여기에 나타나서 심장을 떨게 하나요"

수길이 말했다.

"사과하고 싶어서지, 죽어서도 여기 소안도에서 자꾸 원망하는 귀울음 소리가 들려,

후용이 되받아쳤다.

"당신이 벌인 전쟁, 이 섬사람들에게 어떤 상처를 주고 어떻게 곪아 터진 줄은 전혀 모르시나 보네요?"

풍신의 눈동자가 어스름 속에서 빛났다.

"임진왜란은 한반도의 해, 나는 이 섬에 피와 불바다를 남겼다. 사람들은 고통을 잊지 못해 이렇게 벽에 남긴다. 조강 날, 그날의 바람 소리와 비명. 내가 흩뿌린 어둠이다."

기수는 한동안 입을 다물고 열지 못하다가 모기처럼 중얼거렸다.

"그래서 섬망이 떨려 아무도 여기 이야기를 하지 않았나 보구나."

풍신이 잠시 침묵한 후 한숨처럼 내뱉었다.

"기억이란 섬을 떠나지 못하지, 나 역시 그렇고. 이 벽도, 이 밤도.
내가 죽음으로 임진왜란과 정유재란은 마무리되었지만, 그 후로 외침은 나는 뼈저리게 후회하고 있는 참회는 그 외가 개똥참외라고 하더라도 수박은 약속이니까"

누그러진 바람처럼 풍신의 모습이 연기처럼 사라졌다. 폐가 안에는 다시 검푸른 벽화와 고요만이 남았다.

"조강 날 벽"

네 글자가 날벼락을 맞은 듯 벽보람에 머물며 바람결에 가늘게 떨렸다. 후용은 문득 깨달았다. 이 섬의 기억은, 아직 끝나지 않은 무궁한 이야기가 노랗게 머물고 무궁무진한 이야기가 앞으로 더욱 숨차게 펼쳐질 것 같은 예감이 들었다.

그날 처음으로 후용은 스트레스란 걸 스스로에게 묻지 않고, 내면의 자신을 바라고 풀어볼 생각에 심장이 뛰었다. 어느 때부턴가 조강 날이란 단어가 너무도 따사해졌다. 그날은 단지 이곳을 오가며 어쩌다 만나 헤어지면 그만이라는 하찮은 날이 아니라 어떤 암구호처럼 하나의 '신호' 체계란 걸 알아차렸다. 벽 속 바닷빛 문장의 파편처럼, 아직도 섬의 어딘가는 여전히 누군가를 마음속에 깊이 기억하고 그가 찾아오기를 기다리고 있다는 걸 직감처럼 알아차린 조강 날에 얽힌 사건이었다.

<등 맞이>

섬의 나날은 의외로 빠르게 흘렀다. 어느 틈새에 사람들이 꾸역꾸역 관광객이 모여들고 아침과 저녁 사이, 학교는 펜션으로 초가는 민박집이나 바람과 파도 소리에 떠밀려 인사동에 있던 짜장면집까지 그대로 비좁은 소문 탓을 비집고 잽싸게 그 틈을 메웠고, 후용은 종종 그 사이사이 낯선 장면과 얼굴들이 발음하는 의태어와 의성어와 마주하곤 했다.

어느 날은 동청(動聽) 복지관에 모여, 꼬부랑 할머니들과 할 배들이 치매 예방을 위해 화투 놀음하던 중 그때 들은, 예기(曖氣)는 트럼프를 빼고 꿈을 드림으로 함께 하는 저녁놀이 붉고도 눈물겨워 가끔 심상찮게 들곤 배꼽을 잡을 땐 다음처럼 둘이 사랑하는지 싸우는지 도대체 감을 못 잡고 웃기도 하였다.

"뭐 시여, 밑천이 벌써야, 할 매가 좀 대줘"

"영감을 뭘 믿고 대줘"

"아따 거 고장 난 시계도 하루에 한 번은 정확하게 맞는 법이여, 좀 천천히 쉬엄쉬엄 따도 결국은 그 굴이 파져야 동굴은 석화랑 같은 쪠"

"지랄하고 자빠지고 나면 금방 자지러지겠소. 힘 좀 쓰라고 할 때 빼라면 빼는 게 쓰는 것보다 더 힘든 줄 해보고도 몰라서 그래라"

"아따 거 할망구도 참 뭔 말을 그라고 해라"

"해라면 내가 시방 그 여신을 못 칠 것 같아 그래라. 제우스 아내이자 막내 누나인 줄 내가 몰러 왜 내 말이 틀려서 그래 시방 한 번 홀라당 전라도를 벗겨 볼 까라"

"아니 틀리긴 누가 틀리라고 이틀을 내리 입 염을 깔아뭉개고 그래
하마터면 안 한 틀니를 했다고 틀렸다고들 그래, 내 말은 질이 무신 구멍인 걸 알면 질주란 빼는 것과 쓰는 걸 모두 합친 발음 아닌감, 입들 있으면 말들 좀 해라 뭐해"

옆에서 귀가 좀 먼 '정길 할 배'가 시끄러운지 귀를 틀어막는 시늉을 하며 씨부렁거렸다.

"먼 귀신 씨 나락 까먹는 소리여, 자다가 봉창 두들겨들, 원 시끄러워 당최 그놈의 소리가 뭔 소리인지 못 알아듣고 귀만 먹먹해 죽겠구먼."

"앗 따 내 말은 말이야 말이 바른 말이지, 제 말이 그 말 아닌가 말이 달리다 보면 조금 멈추더라도 할 말은 멈추면 안 되지 않은

가, 생각해 보게, 외마디 비명이 어디 한마디로 설명이, 가능해서 비명횡사가 된 줄 알아, 모르니 꾀를 내 똥 싼 다음 비 내고 비싸 봤자 김 건이 해태가 건장을 매고 비싼 거 아니란 말일세."

정길 할아버지가 멋모르고도 말을 통쾌하게 풀이했다.

"하하하, 해가 웃어도 해는 해다. 그 말 아닌가."

햇볕이 비스듬히 내리쬐는 마을 동청 회관 앞, 라디오에서 흐릿하니
옛 트로트가 후용의 발길을 이끄는 대로 따랐다. 화투 놀이는 살림살이 중 하나의 여가다. 말하자면 비 오는 날 굿거리장단이 화투보단 말쌈이 본질인 입하고 탁상공론하는 풀이가 바로 점입가경(漸入佳境)이라, 화투에 열중하느라 후용이 들어와 의자에 앉아 구경하는 줄도 모를 정도로 빠지게 되면 중독에 이르게 되는 법이다.

복지관에 꼬부랑 할머니, 할아버지 양 편을 갈라 여럿이 방바닥에 둘러앉아 탁상에서 치는 화투는 삼봉이 아니라 끗발이 있어 돌이 짚고서 땅땅 망치를 두들겨 패는 땡이다.

"어, 매 영감 또 졌소?"

"저 너머, 할 매, 손때가 매워서 그래, 가만 좀 있어 보채지 말고, 잠자코 지는 것도 실력이니 재수 옴 붙은 깨 그만 소리하지 말고 기다려봐, 지는 것도 반복하다 보면 예술인께~"

어이가 없었는지 어처구니가 없었는지 옆에서 구경하던 영기 할아범이 고개를 갸웃하다가 후용을 본다.

"왔다 저 후용이 자, 아녀(兒女) 거 서울서 내려왔다는 그… 작가라던?"

후용이 살짝 웃으며 고개를 끄덕이며 웃었다.

"예, 맞아라, 제가 요 며칠 정신없이 지내느라 복지관에 발길이 뜸했네요."

영구 할아범이 종이컵에 커피를 타 주며 한 모금 마시라고 거든다.

"이 섬은 정신 차릴 새 없이 시간이 흘러. 선만 똑딱똑딱해도 기선을 잡느라 하루가 다 가불지."

그러다 갑자기 목소리를 높인다.

"근데 저기… 말이여 너 들었어? 뒷동네 양 씨 할아범 사업 또 빚 말아 먹었다고 안 그러든가? 저번에 무슨 밑천을 나보고 좀 대달라고 하드만 그거 은근한 추파 아닌가 해서 물어보네"

옆에 있던 복심이 할머니가 눈을 부라리며 말려들었다.

"아따 요즘은 그런 걸 미투라고 혀요. 미투를 모르니까 저라고들 고장 난 시계도 하루 한 번은 맞는다느니 뭐 그렇게 생각한 것 아녀, 내가 가만히 생각해 보니 서로 밀당을 그렇게 하더니만 참 뭐도 없이 어찌 그리 당당 행 겨"

직격탄을 맞은 노인이 움츠리는 사이 한 노인이 뜨끔한지 삼베 바지 밑 구덩이를 더듬어 불알을 한번 만져보고 나서 아직 탱탱한지 씩 한 번 웃고 자신감이 생겼는지 털털하나 야무지게 한마디 보탰다.

"힘 좀 쓰라고 하면 말이지, 질 구멍에 들어맞은 기둥이 말이여 한번 들어간 이상 힘을 빼는 게 더 힘들단 말이여 망나니로 한 말은 쉬엄쉬엄 간다고 나 뿔 것도 아니란 말이여, 재미 볼 때 그렇단 말로 해석하면 되지 안 것 소"

매단 할머니가 갑자기 목에 힘줄 말을 당겨 언성을 풀었다.

"너 시방 서방질을 무시하냐, 트럼프도 구멍인 걸 알면 질주도 그냥 달리기가 아녀(阿女)! 질주란 거시기여, 뺄 걸 빼고 쓸 걸 더 쓰려고 부풀어 있어야 진짜 달린 것은 자지러지라고 하는 말이여."

할머니의 해학이 막 나니 누그러트린 말들이 난무하여 웃는다. 듣고 있던 후용이 공손히 답한다.

"그러니까 참, 인생이 삶이란 말로 달리하면 고속도로를 달리다 막 내리라고 하고 멈추면 안 되는 그런 말이란 거로군요."

노인들이 얼씨구나 하고 맞장구를 쳤다.

"그렇지. 달리는 말은 그렇지, 걷는 걸 몰라도, 걷다 멈추면 고속 도로가 끝이란 걸 알게 되는 거지."

노인들은 마치 결론처럼 내렸다.

"화투 칠 땐 말이여 한마디로 말해, 똥 싸고 나면 비가 쏟아져야 지. 그리고 통치가 똥 다음이라 팬티 벗고 똥 싸 놓고 비쌉디다. 그럼 맞고 해봤자. 그래봤자, 비는 독박에 피박까지 이거 황송하 니, 한우 지가 희생하여 풀 잔치는 소머리국밥 보단 잔치국수엔 무 가 국수라 더 맛깔나지."

질 세 없는 노아 들이다.

"그렇다고 어디 굿거리장단에 등 시린 남들 국거리나 죽 거리 엄 혹한 것들 요만 때 그 맘 서러운 줄지 제 새끼 배 아파 나보고도 저 러고들 덤벼도 촌놈 서울 가서 아이스크림이나 발라보고 팔아본 양 파라다이스가 뭔 줄이 나 알까"

후용이 점점 험악해진 상태에 말쌈을 못 말릴 것 같아 슬그머니 등 을 돌리려다 뚝 그치는 예감에 다시 고개를 돌려보니, 할 배가 그 만 말문을 닥치고 입을 닫는 바람에 뒷 끝없는 해학은 모두 크게 복지관에 크게 미쳐 웃었다.

닥치고 그친, 그 거룩한 밤, 고요한 다음 날 우연히 마을 공판장에 서 동갑내기 유성을 후용이 뜻밖에 만났다. 그를 만난 건 후용이 내킨 건지, 유성이 돌이킨 건지 내키지 않았다면 서로 운명이 그래서 그런 건지 그날 유성이 후용의 팔을 틀어잡고 말했다.

"여기선 다들 처음 밥을 대접하거나 대접받을 땐 서로 등을 보여야 해. 앞을 보면, 서로 피곤해져."

그리고 저녁때 유성은 후용을 자신의 집으로 초대했다. 유성의 집은 산 중턱 외딴 고택이었다. 벽난로 위에 세 사람이 찍은 사진이 걸렸다. 분위기는 깔끔하고 정갈해 보이고 가족사진은 그의 성격을 대변하듯 유성이 차린 밥상 또한 반찬은 신건지 동치미 하나로 검소했지만, 방안에 공기만은 묘하게 따뜻했다.

두 사람은 나란히 앉지 않았다. 요리하는 유성의 등을 본 상태에서 유성을 등지고 후용이 앉았다. 바다가 훤히 내려다보이고 전망이 그만이었다. 한참 전복을 손질한 후 유성이 요리한 전복죽을 후용의 상위에 갖다 놓자 요리할 때 앉은 그 상태로 후용이 수저를 들었다.

유성은 자리로 돌아와 요리하는 싱크대 왼쪽 틈새에 좁은 공간을 마련하고 창문을 열었다. 옥수수나무에 강낭콩 넝쿨이 칭칭 감은 '댄'을 바라보았다. 그리고서 전복죽 한 그릇 신건지 동치미 한 사발을 놓고 서로 돌아서 등을 맞대고 식사를 시작했다.

처음엔 무척이나 어색했다. 밥 먹을 때 누군가 '숨'이 등 사이를 맴돌다 앞가슴으로 전해지는 기분에 뒤통수가 근질근질해질 무렵 후용이 뒤를 돌아보려다 멈칫한 느낌을 감지한 유성이 입을 열었다.

"왜 이런 식으로 죽을 먹는 거냐고? 우리 서로 여린 속 얘길 하려면, 얼굴은 마주 보지 말아야 하지 않겠어?"

한동안 숟가락과 젓가락 소리만 서로 장단을 맞추듯 방안을 맴돌고 둘의 숨결이 어깨 위 곡선을 넘나들며 서로에게 전해지는 동안, 유성은 조용히 말을 이었다.

"난, 여기서 한 번도 섬을 떠나 본 적 없어. 남들은 다들 어디론가 가서 클 줄 알았겠지, 그러니까 나는… 내 발길을 여기 그대로 묶어 둔 채 지금껏 아무 말도 하지 않고 묵묵히 살았다는 걸 말하려는 거야, 어머니가 어렸을 때부터 귀가 따갑게 들은 소리는 나더러 무슨 일이 있어도 이곳을 떠나지 말라는 소리였어, 어머니는 그 말만 내게 신신당부하시고 끝내 돌아가셨지. 어머닌 이 섬을 무척 사랑하셨어."

후용은 대답하지 않았다. 대신 자신의 등이 유성의 등과 맞닿는 어느 선에서 정처 없이 떠도는 자신의 애처로움과 외로움이 맞닿아 있단 걸 감지했다. 그가 여기서 오랜 시간 뿌리를 내리고 있다는 말에 오히려 안도감이 느껴졌다.

유성이 계속하여 다시 입을 열었다.

"우리 가족은 늘 말을 등으로 했어. 허튼소리는 등에서 걸러지니까"

후용이 속으로 공감했다.

"걸러지지 않으면 제 어깨만 무겁지, 가볍게는 못 살아! 등을 맞대면 어딘가 덜 외로워서 그랬었구나."

저녁을 마치고 둘은 평상이 놓인 마당으로 자리를 옮겼다. 장구한 세월 아픔에 장단을 맞춰 한을 풀 생각인지 바다는 이미 붉게 달아올라 있었다. 바위와 파도 사이로 부서지는 햇빛이 금가루처럼 흩어졌다.

평상에서 바라보는 고택 마루는 세월이 바랜 흔적을 벗겨진 칠이 대신하고 처마 밑에 매달린 풍경이 바람결에 낮게 울었다. 멀리서 성긴 파도 소리가 미묘하게 바람결과 뒤섞였다.

"앉아."

유성은 말없이 후용의 곁에 등을 맞대고 앉았다. 둘 사이엔 말보다 체온이 먼저 스며들었다. 잠시 후, 유성이 낮게 입을 열었다.

"풍신, 수길이 너희 섬사람들에게 전하라 일렀지."

뜬금없는 목소리가 파도 위를 건너온 바람처럼 조심스러웠다.

"그가 이곳에서 한 건… 장단을 빼앗고 웃음을 묶어놓은 죄. 그 죄를 용서받고 싶다고."

유성이 벅찬지 잠시 숨을 고르고 말을 이었다.

"그는 1945년, 8월 15일 정오를 기억하고 라디오에서 일본 왕의 목소리가 떨며 '무조건 항복'이라는 말이 터져 나오자… 섬의 사람들이 창고 속 깊이 숨겨둔 북, 장고, 꽹과리, 징을 꺼냈대. 그리고 미친 듯 두드렸다지, 장단은 들쭉날쭉했지만, 그게 바로 광복의 소리였다고 울먹거렸다더군."

후용이 숨죽은 듯 듣고 있다. 등 뒤로 전해오는 그의 느릿하고 묵직한 호흡이 턱에 차오른 순간 문득 조강 물속, 원기 작은아버지와 이에 구석에 누워계신 원석 아버지 그리고 인천 가족공원에 있는 막내 어머니와 막내가 부른 만세 소리가 귓전에 맴돌았다.

수복은 서울이 아니라 천국에 있다. 후용의 가슴이 무너지는 듯 아팠다. 유복자로 태어나 기차에 친 후 죽어 막 내린 그 이름 '장수복', 후용의 호흡이 거칠어지자 자기의 호흡처럼 유성의 말도 숨이 가쁘게 이어졌다.

"그 전에… 10년을 넘게 풍물굿도, 줄다리기도, 탈춤도 모두 금지됐어. 놀이를 빼앗기면 웃음이 사라지고, 웃음이 사라지면 사람도 흩어진다고… 그 틈으로 권력이 스며드니까. 풍신(風神)은… 우리가 가진 칼이나 총이 아니라, 그 장단을 더 두려워했다고 말하더라고"

바람이 처마를 스치며 낮은 휘파람 소리를 냈다. 유성은 고개를 들어 바깥 하늘을 바라보다 다시 고개를 숙이며 말을 이었다.

"이제 80년이 지났어. 시간의 원주엔 모든 것이 찬란해, 빛바랜 일들이 그저 일어날 뿐."

후용이 언짢은 말투로 달래려는 듯한 유성의 말을 끊었다.

"알아 원주에선 원주의 풍물이 놀아나고 전주에서 '광복, 빛의 씨앗'이란 이름으로 일제가 금했던 민속놀이를 선보일 수 있어, 하지만 무대에서 주목받는 건 손이 심심한 그들 공연하는 부부잖아?"

"내용이야 뻔하지 않겠어, 굽은 허리를 한 할미가 웃음 속에 설움을 감추고, 발끝으로 세상을 두드리는 탈춤…"

유성이 죽은 듯이 말을 받았다.

"그래 맞아 풍신(風神)은 그 춤이 한민족이 살아있다는 증거라고 말했어."

잠시 파도 소리가 두 사람의 뒤를 메웠다. 침묵을 견디기 힘들었던지, 유성이 깊게 숨을 킨 후 말을 이었다.

"…후용."

유성의 목소리가 떨리며 낮아졌다.

"풍신이 이 섬사람들에게 비는 용서… 어쩌면, 나 스스로가 평생 바라온 것이기도 해."

후용이 고개를 돌리려다 말고 멈칫, 여전히 먼 바다에 시선을 두었다. 유성이 가쁜 호흡을 단숨에 토해내듯 말을 뱉어냈다.

"내 아버지… 일본 순사였어. 그리고 어머니는 이 섬의 원주민이었지. 나는 그 사이에서 태어난 혼혈아고."

순간 바람이 멎고, 침묵이 길게 이어졌다가 다시 유성의 말이 늘어졌다.

"섬의 눈빛 속에서, 나는 늘 이방인이었어. 그래서… 이 장단 속으로, 들어갈 자격이 없는 건 아닌가, 늘 생각하게 돼."

유성의 목소리가 떨렸다. 등에 전해지는 온기는 여전히 따뜻하여 흔들리지 않았다.

해거름이 둘의 등 사이로 어스름하게 내리고 있었다. 둘은 그렇게 해가 뒷산이나 옆 산속에 완전히 잠기는 것을 지켜보았다. 그림자는 길어지고, 고택 마당에 스미는 저녁 냄새가 짙어졌다.

유성이 작게 말했다.

"그 장단… 너희가 지켜낸 그 소리를 나도 듣고 싶다. 그리고… 언젠가 그 소리 속에서, 나도 용서받고 싶다."

후용은 여전히 침묵했다. 침묵이 견딜만하다고 느낄 때쯤 후용이 돌아서 유성을 보았다. 그때 유성은 알았다.

이 침묵이 거절이 아니라는 걸 등을 맞댄 체온이 앞가슴으로 느껴질 때 뜨거워진 호흡이 그 증거였다. 용서는 그렇게 우리들 품 안에 있었다.

후용을 배웅하며 유성이 말했다.

"내일 아침에 바다 한 번 같이 나가볼래?"

후용은 웃으며 고개를 끄덕였다. 그리고 정말 그 일은 그게 다였다. 언덕길을 내려오며 처음으로 후용은 숨을 크게 들이마셨다. 그러자 심장이 편안하게 속살거렸다.

"그래, 외로울 땐 그렇게 죽을힘 다해, 그러면서 서로들 등배 맞대고 사는 거지"

우리들 집은 우주의 고래 등 같은 등살 아래 구들장 밑을 새우는 섬망이라야, 아궁이 안에 잔잔하게 퍼지는 온기, 섬이라는 공간도, 사람이라는 존재(存在)도 춘 겨울 추운 바람 사철에 봄바람 동토엔 그렇게 동장군만 저 혼자 떠나려니 서러워 지새운 밤, 침묵은 언젠가는 뒤에서 드러나는 쓸쓸한 뒷모습, 그늘은 음지나 양지에도 늘상 애처로움이 서려 있다.

그날 밤, 후용은 처음으로 소안도라는 섬에서 마음껏 허리를 펴고 침대에 누웠다. 그리고 이내 돌아누워 새우처럼 등을 굽히고 눈을 감았다. 역시 등을 돌리고 자는 잠이 더 편했다.

등 뒤에서 누군가 자신을 꼭 껴안아 줄 것 같은 가슴앓이가 이런가 싶었다.

<망화(望花)> 8

이튿날, 아침 바람은 유난히 차갑게 느껴졌다. 후용은 모래사장을 지나 해안선 끝에 있는 '멸 막'을 향해 유성을 만나러 시간을 따라 걸어가는데 뜻밖에도 초임이 그를 기다리고 있었다.

초임은 소안도 신녀(神女)이자 해녀다. 검은 물질복(物質服)을 입은 그녀의 등 뒤로 바람이 갈기갈기 말 갈퀴처럼 나부끼는데 흘깃 초임이 바람을 보고 말을 붙잡았다.

"오늘은 유성 오빠가 콧물이 심한 몸살감기라고 나오지 못한다고 저더러 대신 바다로 안내하래요. 그리고 오늘은 물도 얌전할 거래요. 잠수질을 배우려면 저랑 함께 바다에 들어가 보는 것도 나쁘진 않아요. 뭐."

폐가 심장에 기별을 넣어 심쿵 울렸다. 바람은 결코, 망설이지 않는다. 소문에 초임이 떠는 수다 정도는 조금쯤 묵묵 부담스럽긴 해도 어쩜 고상한 척하는 것보단 훨씬 더 배울 것이 많아 보인다는 판단이 섰다.

"좋아요."

초임이 앞장서 나섰다. 조강 날 물결이 바람을 안고 와 두 사람의 얼굴을 쓸고 지나갔다. 초임과 후용은 배를 타기 전이다. 둘은 잠깐 짝지 밭에 짬을 내어 몽돌과 조약돌을 깔아뭉개고 나란히 앉았다. 바다는 꽤 물이 찼고, 자갈 사이로 조류가 밀려와 찰랑거렸다.

유리(流離) 망 하나가 물결에 살랑살랑 고개를 흔들며 파도를 타고 밀려오는 걸 보고 후용이 숨을 토하듯 말했다.

"초임 씨, 저기 떠밀려 오는 거 봐요. 저거 유리 망 같은 부표들… 그 옆의 다른 어망들은 모두 플라스틱 맞죠?"

초임이 손등으로 눈을 가리며 수평선 멀리 보이지 않는 아득한 곳을 턱으로 갈치며 허~허~험, 헛기침 후 금방 목소리에 변성을 내 통통배처럼 말했다.

"히힝 으응, 오빠 그게 다 저기 중국이 문, 홍콩이 문, 한국의 문에 다 뿌리는 거여라. 웃기는 건 말이어라, 물속은 고요한데, 물 밖으로는 저것들이 난리여라"

후용은 초임의 말투를 가볍게 웃어넘기지 못했다.

"근대요, 초임, 바다에 저렇게 부표들이 떠다니는 걸 보면 무슨 느낌이 들어요?"

초임은 망설임 없이 대답했다.

"내 눈에는 말이어라, 기레기랑 다를 게 하나도 읎 소. 줄도 끊겨 불고, 단 디도 안 망 글러 놔서 오만한 데 떠다녀, 남의 해역에까지 와서 티끌 같은 신경질을 안겨 불어라. 저들 일도 아닌데 괜히 남편 가르고 험한 말만 지껄여 대는 가짜 뉴스 같은 남편들 말은 말 같지 않아 가자미 같아라."

후용은 초임의 말을 한 번 더 곱씹어 한반도 문제를 꼭꼭 씹고 기자인 친구들을 떠올려 보았다. 그럴수록 초임의 말을 부정할 수 없었다. 면목이 없어 혼잣말을 씨부렁댔다.

"부표 하나하나가 그냥 의견이면 좋을 텐데, 그게 아니라 서로 던지고 때리는 무기처럼 변해 서로를 이기려는 정치싸움, 와이 투 엔 방송은 하루 이틀도 아니고 매일 저렇게 온종일 그걸 중계하고 있으니"

초임은 수경을 벗어 물을 적신 후 손바닥으로 바다 물기를 털었다.

"하루 종일이랑 그러니, 참말로 아따 피곤 안 해요. 난 잠수병도 있고 그러긴 해도 잠수하면 정신이 맑아지는데 그런 거 들음, 속이 거꾸러질 것 같아라. 그 기자들이 말이여, 자기들이 앵커랍시고 양쪽 패싸움이나 붙이고 앉자는 모습 보면, 에라 썩을 놈들 참말로 이게 다 귀신들이 다투라고 나팔을 불어 논객 아니어라."

후용은 웃지 않고 가만히 바다를 바라보며 물었다.

"근데 이런 쓰레기 같은 언론을 그냥 내버려두면 안 되겠죠."

바다 대신 초임이 대꾸했다.

"내 비례 두면 안 되죠. 안 그래도 바다가 쓰레기로 넘치는데, 그 놈의 말 찌꺼기까지 떠다니면 우린 살 데도 없지. 오징어도 삐쳐 불고, 갈치도 안 물면 볼락은 어떻게 낚아 먹는데요."

후용은 문득 펜을 꺼내 메모지에 기록하자 초임이 슬그머니 물었다.

"또 나를 소설에다 써보려고 그래요?"

후용이 정색하며 말했다.

"아니요. 이번엔 초임 씨를 통해 저 떠다니는 기레기들을 씻어 낼 길을 써보려고요. 맑은 바다에는 맑은 말이 돌아다녀야 하잖아요."

초임은 몸을 낮춰 가슴에 물을 끼얹고 다시 일으켜 물안경을 고쳐 썼다.

"그래야 말이지 맑은 말은 물속에 숨이 있어야 나오는 법이어라. 육지서 진흙탕 질만 실컷 본 사람들은 절대로 순수가 뭔지 몰라서 이런 생수 같은 말은 나오지 않아라."

두 사람은 배를 탔다. 초임이 비교적 얕은 물가, 조강 날에서 내 쪽 해안선을 따라 노를 젓자, 바다 물질인 해조류가 먼저 부드럽게 팔을 흔들며 노를 휘감아 인사를 마쳤고, 멀리서는 햇살이 말없이 물 위로 뱃길을 빛내주고 있었다.

그때 낡은 똑딱선 배 한 척이 소리를 죽이며 해안선 가까이 바위 틈새로 미끄러지듯 들어왔다. 배안엔 고요할 정도로 말이 없다. 인기척을 하려다 함구하는 증상은 곧 해석이 그렇다. 이른 새벽에 바다로 나가 바닷일을 마치고 온 듯 두 부부가 불쑥 일어서며 허리를 펴고서야 초임을 보고 말을 건네기까지의 말은 침묵이 의문이다.

"아침부터 어디 가는 길이냐?"

후용이 보기에 익숙한 얼굴이라 배에서 일어나 인사를 하려다 휘청이자, 배가 흔들렸고, 그 순간 똑딱선 난간에 위태롭게 매달려 있던 낡은 타이어 한 장이 허기진 배에 공기가 빠져 버팀이 부족했는지 '첨벙' 바다로 굴러떨어지자, 그 바람에 기울던 후용의 몸이 다시 간신히 중심을 잡고 나머지 대답은 바다가 대신 출렁거려 주었다.

풍덩 하는 의성어는 풍신의 바다 물풍선이고 초임이 뜻밖의 말을 건넸다.

"후용 씨, 바닷속에도 꽃이 피는 걸 아세요?"

뜬금없는 말은 아니어서 후용이 웃으며 초임을 바라보았다. 초임은 조심스럽게 고개를 돌려 후용의 눈길을 잡고 꼬리를 감추듯 눈 대신 말을 맞췄다.

"이 섬은 겨울엔 꽃이 별로 안 펴요. 하지만 들어가 보면 바닷속이 봄 동산인걸요. 꽃처럼 보이는 산호초 군락은 참 아름 다 없어라."

그녀가 눈꼬리를 감출 때마다 흘러나오던 말문이 간간이 다물 듯 멈췄다. 그때마다 후용이 눈빛으로 다음 말을 재촉했다.

"산호초란 다만… "

추임새란 재촉하는 응원과 같다.

"다만 뭐죠?"

한참 망설이던 초임이 다시마를 생각하다 미역 하여 유성이랑 전복죽을 먹을 때 떨어진 별똥별은 내 눈에 선한 듯 신녀(神女)는 선녀가 수줍은 듯 다시마란 소리에 개의치 않고 선한 말을 이었다.

"등 돌린 사람은 기다리는 사람만 볼 수 있데요."

후용이 다른 생각을 했는지 예상이 빗나가자 계면쩍게 웃었다.

"아! 난 또 머시고 거시긴 줄 알고"

(……,)

입꼬리가 올라간다 해도 수경 속의 눈꼬리에 미소가 당기는 의태어에 초임의 끌림은 부정할 수 없는 형태로 그 행태 그대로의 미적인 의태어 곧 전이의 행위를 감출 순 없다. 곧이어 해풍(海風)에 도착한 후용은 마을에서 빌린 수경을 쓰고, 초임이 건넨 손을 붙잡은 채 해풍(海風)이 얕은 물가에 누워 바다로 천천히 몸을 뉘었다.

바닷물은 생각보다 훨씬 차가웠다. 숨이 목까지 차오르는 찰나, 후용이 눈을 떴다. 초임의 눈이 바로 코앞까지 다가와 있었다. 고동치는 심장보다 물속은 더 이상하게 고요하여 심해에 흐르는 건 물살만 아니라 후용 자신의 맘 같았다.

긴장된 이명, 미약하지만, 가슴을 두드리는 심장박동, 이 모든 게 물속에서 연꽃처럼 퍼져나가고 있을 때 초임이 후용의 등을 하늘에서 바다 밑으로 돌려놓았다. 하늘에 구름이 사라진 대신 바닷속 바위틈 아래 말미잘이 파래진 촉수를 달래고, 진 붉은 철쭉 같은 해초류가 바위틈 사이에서 파도의 물결을 산들산들 흔들고 있었다.

후용의 호흡은 말미잘이 대신 산소라도 공급하듯 잔물결 속에서, 촉수가 움직임을 감지하고 방귀가 항문 가까이 미처 나오지 않고 마치 배의 균형이 등배의 숨결처럼 호흡의 배포가 공처럼 느껴졌다.

후용이 물속을 들여다볼 때 초임은 후용의 몸속을 바라보고 가슴의 폐를 진단했다. 바다 밑을 한참 바라다보다가 더 이상 숨을 참을 수 없어 발버둥을 치는 순간, 초임이 등을 더욱 세차게 밀었다. 무언가 흐려지는 시야 속에서 오래된 감정선 하나가 무심코 섬망에 떠올랐다.

스물일곱 살, 유복자로 태어난 막내 수복이가 죽었다. 어머니께 차마 그 모습을 보여드릴 수 없어 막내의 장례식에 못 가고 한참 지난 기일에야 인천 가족공원에 도착하던 날 귓전에 원망 가득한 목소리가 바닷속 심해에서 환청처럼 들려왔다.

"형 왜 늦었어…"

말을 잇지 못했던 동생의 입술은 산호초 동산에 침묵으로 굳어 있었다. 갑작스럽게 동생 수복의 죽음에 말문이 막혀 장례식장을 찾지 못한 후용의 시간은 죄였다. 후용의 매일의 나날은 어두운 바다였다. 수복이 떠나간 그날 이후부터 후용의 얼굴에 산그늘이 지기 시작했다. 아무리 웃어도 서산은 이전과 같이 웃음꽃은 피우지 못했다. 이윽고 숨은 산소가 다해, 도로 숨이 차 해수면 위로 머리를 내밀었을 땐 후용은 이미 초 죽음 된 상태, 그때 어렴풋하던 초임의 말이 생생하게 들렸다.

"봤죠…?"

후용이 고개를 끄덕이며 말했다.

"응. 봤어. 산호초 동산 호산나 웃음꽃"

(……!)

둘은 해초와 소라 몇 개를 더 땄다. 미역과 다시마를 전복에게 주고 톳하고 대왕조개와 해삼만 배에 태웠다. 물질을 마치고 다시 얕은 해안 길을 따라 들어오면서 삿대로 몰을 해치고 조강 날에 배를 대고 짝지 몽돌밭을 걸어 집으로 돌아오는 길, 초임은 오랜 침묵 끝에 조용히 입을 열었다.

"저에게도 언니가 한 분 있었어요. 神女(신녀)이자 해녀였고, 물질을 나갔다가 그날로 올라오지 않았어요."

초임이 앞서 걸으며 후용을 돌아보지 않고 등을 돌려 말했다.

"그 후로, 언니 꿈은 늘 뿌연 수조 바닥에서 끝났죠. 꽃도, 숨도, 부들부들 유수지에서나 피었다가 이내 곧 지고 말 꿈 덧 없이 헛되어,
모질게도 꺼져버렸어요."

후용은 더 묻지 않았다. 묻는 대신, 마음속으로 이런 말을 준비했다.

"바닷속에도 꽃이 있다면, 그건 아직 포기하지 않았기 때문에 천국에서나 볼 수 있는 꽃을 내게 보이려고 나를 용궁으로 인도한 초임, 내 꿈을 당신이 깨우치게 한 사람이라고"

초임이 사살을 까듯 말을 잇는다.

"사람들은 사람들 앞에서, 자신들의 마음 문이 스르르 열 길 기

대해도 그런데도 열리지 않는다면 그 문안엔 아직 설명할 수 없는 것들이 막 피어나려는 중일지도 모르죠. 그럴 땐 계속 두드려야 해요. 언젠가는 열릴 터(攄)니까요."

후용이 말을 받았다. 공감은 처음처럼 따듯했다.

"그럼요. 희망이란 절망 속에서도 바닷속 철쭉 같은 감정이 가끔 현실에서 되살아나야 살맛이 나니까요."

민박집에 도착 후 피곤하여 그만 쓸까 하다가 우주공간 어디쯤에서 자연환경의 동태를 살피는 동생이랑 약속한 것도 있고 해서 무례하지 않게 내일을 오늘로 오줌을 당겨와 다시 쓰는 내일은 오늘 쓴다.

다음 날

낡은 선풍기가 지지직거리는 소리 사이로 바닷바람에 말린 소금기 어린 공기가 모기만큼 큰소리와 함께 낮게 귀에서 앵앵거리는 소리에 선잠 깨고 멍해졌다. 자세히 들어보니, 모기가 우는 소리는 소안면 발전위원회가 복지관에서 쓰레기 처리비용 관계를 토론회 형식으로 연다는 스피커 나팔관에서 나는 소리다.

문밖에서 초임이 불러 나가보니 이미 東廳(동청) 복지관에 노인들이 의자에 빙 둘러 북새통이라 후용과 초임은 뒷좌석 한쪽에 다소곳이 앉아 조용히 귀를 기울이기로 했다.

회장직을 맡고 있는 매자(媒子) 할머니가 토론할 주제를 파악한 후 말문을 열었다.

"아이고 참말로, 복지관 뒤로 돌아가 봤는가? 쓰레기 봉대리가 산더미처럼 쌓였고 냄새도 고약 해, 누가 과메기 삭힌 줄 알겠더라만."

영수 할아범이 부채로 허벅지를 툭툭 치며 대수롭지 않게 말을 붙였다.

"그런 게… 왜 서들 그런 일이 벌어지는지 알 것 같소? 행정에서 보는 귀는 염전에도 안 들릴 정도로 멀어진다는데 정작 우리 마을 사람들 말 한마디는 허공에다 지껄이다 밤 말아 먹은 듯 허탕만 쳐"

순덕이 할 매가 고무장갑을 벗어 옷깃에 끼운 채 바로 받는 말이다.

"근데 말 이어, 이게 다 우리가 가만히 있었던 탓도 있어. 뉴스를 보니 미국은 말이 시, 자기들 군대 주둔한 값으로 몇조씩 들어 붙인다. 그러더라만, 우리는 쓰레기 처리하다 한 푼 두 푼 아끼자고 쩔쩔매고 있잖소."

후용이 이때다 싶어 좌장 앞에서 마주 앉은 영수할 배 등 뒤에서 조심히 손을 들고 말을 발했다.

"그 말씀, 저도 어제 같이 들었습니다. 주한미군 방위비 때문에 말들이 많던데, 결국 그들도 줄 돈 줄 테니, 우리도 할 말 하자는 거잖아요? 여기 토론 내용이나 비용도 똑같은 맥락이죠. 도움만 바라는 게 아니라 뭐가 필요한지 정확히 말해야 안 들은 척을 못하니까요."

매자(媒子) 할머니가 초임을 빤히 쳐다본다. 너도 할 말 있으면 해보란 뜻인데 가만히 듣고만 있자, 답답한 속내를 내비쳤다.

"초임이 너도 옛날에는 물질 나가고 가끔 빗자루 잡더니만, 요새 복지관 주변에 도통 손이 안 간 것 같더라."

초임이 순순히 인정하고 웃으며 말했다.

"할머니, 맞아요. 물질 끝나고 나면 솔직히 파김치나 녹초가 되기 일쑤니, 그렇다고 쓰레기를 그냥 내버릴 순 없죠. 쓰레기를 그냥 흘려보내면 바다도 병 드는 거잖아요."

영수 할아버지가 고개를 끄덕이며 과도하게 맞장구를 쳤다.

"내 말이 그 말 아닌가, 그 말이 진짜 여. 윗 읍내에서 쓰레기 비용이 결론 나면 예산에서 쓰레기 처리 금액부터 뚝 잘라내고 예산표를 만든다던데 그럼, 거기서 뭉개고 펑크 난 구멍은 다른 섬들로 그대로 떠넘기면 어찌 살 겨, 우리의 몫은 우리가 챙겨야지."

동철(同轍) 할아버지가 손에 노트 하나를 꺼내 들며 말했다.

"그래서 말이여. 나 요 며칠 전에 복지관 예산서 뒤져보려고 그

동네 마을 이장한테 가서 물었더니 쓰레기 처리비만 따로 항목에 꽂아놓은 문서철이 없더라고. 그게 우리가 그냥 넘겨버린 주권이라니까. 왜 그런지 요구라도 해보고, 아니면 우리가 따로 시간을 마련해서 보고서도 써서 전라도청까지 보내야 한다고 나는 봐."

매자(媒子) 할머니가 약간 번거롭다는 투로 말을 이었다.

"보고서라… 아따, 그건 서울 사람들이나 기수 같은 산림청 사람들이나 하는 일 아녀?"

초임이 순간 눈을 반짝이며 대들었다.

"매자(媒子) 할머니, 우리도 할 수 있어요, 제가 후용 씨랑, 같이 정리해 볼게요. 바다에서 부포나 타이어들을 건진 법사들을 빼고 다른 법들은 마대에 한 글자 한 글자, 우리 마을 쓰레기 썩은 냄새까지 다 담은 말로 써볼게요."

순덕(淳德) 할머니가 기립하여 박수로 환영하며 말했다.

"초임이, 너 말이, 맡고 말고, 우리 입도 움직여야 쓰레기가 안 쌓이지. 말이 없는 게 착한 게 아녀, 요새는 똑 소리가 나야 효자 효녀 아녀"

영수 할아범이 신이나 후용을 은근히 바라보며 말했다.

"그렇게들 말 잘하면, 우리도 이참에 '자치 쓰레기 위원회' 뭐 그런 것 좀 만들어보는 게 어때? 일주일에 한 번씩 복지관에 모여서 마을 쓰레기 현황도 적고, 청소 구역도 정하고 말이여?"

후용이 단호하게 말했다.

"좋아요. 그럼, 오늘 회의 내용도 노트에 적어놓고 완도읍이나 도청에도 전달할 수 있게 정리해 드릴게요."

동철 할아범이 뒷말을 감당했다.

"아이고 잘 돼 부렸어. 도움 타령만 할 게 아니라, 우린 스스로 섬돌과 바다를 지키는 사람들인 줄 쥐들도 알아야지, 암튼 우린 이제 누가 뭐라 해도 '받기만 하는 주민'이 국회의원이라고 더불어민주공화당 아니라던가. '달라고 할 줄 아는 마을 이장 대표'가 한 말이여."

매자(媒子) 할망구가 결정한 듯 말했다.

"암만. 어릴 적 우리 소안도 학교서 배우던 말씀 기억 안 나는감? '심는 사람이 곧 따는 사람이여' 그러지 않았어. 우리가 쓰레기든 말이든 제대로 심어야 순한 바다 꽃도, 순한 마을 말들도 다시 피는 소 안도감이지."

말끝엔 웃음이 돌다가 누군가 조용히 박수를 시작했고, 그 소리에 맞춰 모두 따닥따닥 박수 같은 바람을 더했다. 초임이 박수를 받다가 말고 후용을 보며 약간 우쭐한 어조로 말했다.

"이래서 내가 이 섬을 못 떠난 당 깨. 물속에서 숨 참는 것보다, 밖에서 말 참는 게 더 힘들 걸 생각하면 휴."

후용이 웃음 머금고 말했다.

"말 꽃은 다 피었죠. 우리말로 뇌리나 섬망은 바다까지 또 한 번 번뇌의 걸음을 한 걸음 더 내딛는 격이니까요. 말하나 마나 오늘도, 바다엔 쓰레기보다 목소리가 먼저 떠야 해요."

후용이 복지관을 나와 초임과 헤어지고 민박집으로 돌아오며 조용히, 혼잣말처럼 중얼거렸다.

"결국 오늘 복지관에서 나눈 이야기는 그냥 쓰레기 문제로 끝날 일이 아니야. 멀게만 느껴졌던 나라의 문제, 강대국에 기대지 않고 우리가 우리 힘으로 살아보려는 마음, 그게 여기까지 흘러들어온 거야. 이전 소안도 섬 전체가 지켜온 항일의 정신, 그 뿌리는 그저 역사가 아니라 지금도 살아 있다는 걸 새삼 느끼게 해줘야 보람도 수림은 림보의 연옥에 살고 있어."

조강 날 수림에서 마파람이 불어 해조음이 지나갔다. 후용이 잠시 공상에 잠겼다.

"무엇보다도 마을 사람들이 주고받은 이 용기 있는 말들 자체가 그대로 꽃처럼 피어나는 걸 자랑스러운 한강 작가가 일전에 '말도 꽃처럼 피울 수 있다' 그가, 소안도를 빼먹어서 서운한 건 이 섬에서 섬사람들의 목소리를 따라 오늘 깊이가 생기고, 울림이 커지고 있으면 되었어."

말이 꽃처럼 피어난다면 웃음꽃이 만발하듯 생명의 성장, 새로운 존재로 거듭 억압에서 벗어나 자립하는 의지를 은유하는 데 더 많은 사람들이 사용하게 더 멀리 드론을 날려 가시거릴 바라보면 해결될 일이 더러 있을까.

\<붕장어\>

장맛비가 내리고 나면, 몸살을 앓듯 바닷가엔 종종 의례가 생겼다. 아침부터 마을 전체가 웅성였다. 밤사이, 바다에 마을 어르신 한 분이 돌아가셨다는 소식이 전해진 탓이다.

섬의 장례는 조용하게 그러나 깊고도 서럽게 바다에 올려졌다. 우선 씻김굿을 맡은 당 골이 먼저 하얀 쌀밥을 가지고 짝지로 미리 내려가 참대 죽이나 복숭아대로 부채를 만들어 흔들고 사람들이 떡밥을 뭉쳐 바다에 던지면 마을의 당산 신녀(神女) 초임이 미리 준비해 논 대나무 소쿠리에 강진에서 숙성한 토화젓을 공수해 푹 삶은 토란대랑 고구마 줄기에 콩팥 고물을 부비동에 뽀땃하게 무치고 갓김치도 담아 대사리 소쿠리 바닥에 붉은 천 조각을 깔고 그 위에 한 두름 지푸라기를 더 덮고, 반찬 한가지씩 정성스레 담아 조강 날 짝지로 내려가 선착장에 올려놓고 제를 올려 장래를 치루는 의례는 순수한 수순(手順) 그 자체다.

짝지 선 벌써 마을 사람들이 모여 담담한 얼굴로 손을 모아 바다를 바라보며 오줌보에 힘을 주며, 간절인 다가옴이 종교의식이라니 참 묘하긴 하다. 초임이 까치저고리에 갓 고깔을 쓰고 춤을 추면 초임께 먼저 들린 신이 입안에서 툭 튀어나온 말이다.

"죽은 자에겐 땅이 없고, 남은 자에겐 물이 다 달아 없소. 한 노인이 바다에 떠오르면 남은 자가 음식을 띄우는 법이 범선이다."

일종의 해원이나 방생을 버무려 윤회 의식을 진행하는 동안, 물살을 따라 수천수백 마리 붕장어 뭉치가 해변 가까이에 떠오름은 신기한 일이다. 상주들은 삼베로 만든 수의에 짚신을 신고 짚으로 가시면류관을 절어 정금나무 가시를 꺾어 머리에 쓰고 곡소리를 내면, 모여든 사람들 눈에선 곡을 계수한 눈물이 애끓다가 장마다 꼴뚜기가 "붕장어 닷"하고 고래고래 통곡하면 그 바람에 실로 어마어마한 붕장어 뭉치가 바닷가로 밀어닥친다.

뭉치가 풀리기 전 신녀(神女)인 초임의 동공이 물기에 서리고 시야는 이중시 한쪽은 백내장 다른 쪽은 녹내장 뿌연 복시(複視)가 안개를 풀어 비닐이 덮인 상태로 헛소리로 친다.

"사람이 하나 떠나면, 짐승은 배로 돌아온다."

장단에 쇠 된 소리가 마치 징 소리에 장단을 맞춘 듯 징징거린다.

"산 해 드린 바윗길 히 포(浦)나 쥐포 판다가 쥐치라 펄을 낸다."

쇠 북소리가 둥둥댄다.

"곰삭은 곰쥐 두더지 동굴 땅굴 더 파 쓰고 길을 쓰고 내려온다."

굿이 진행되는 동안, 마을 어귀에선 한 무리 상녀(常女) 아낙들이 흰 배 옷을 입고 머리에 수건을 쓰고 허리를 새끼줄로 묶어 망자 넋인 성명의 이름을 살살 달래며 풀 길을 어르듯 짝지까지 데려온다.

후용은 몽환에 빠져 묵묵히 바다를 보고 제를 올리는 섬사람들의 대동단결과 초임이 전한 밀의 말 의미를 곱씹는다.

"결국 남겨진 사람만이, 죽음과 바다 사이에서 마음을 매듭짓는 사례가 사리다."

사람들은 일사천리 정해진 예법대로 전혀 흐트러짐 없이 조용히 제물을 바다에 던진다. 하얀 쌀밥이 파도에 떠밀려 점점 멀어지면 붕장어 뭉치도 밥풀때기 따라 멀리멀리 사라진다. 상주인 상기가 오열하며, 마지막 남은 한 줌 재를 바다에 뿌리고 짝지 밭에 대성 통곡을 하다 쓰러진다. 눈물은 강줄기처럼 후용의 발밑엔 아직 꿈틀대는 붕장어 한 마리가 남아 배에서 살아 있는 듯하여 무겁게 숨을 몰아쉰 의식을 상기하여 상여의 제를 다시 정리해 줄거리를 중얼거렸다.

"그래, 죽은 자가 떠밀려 왔다면 사는 이야기는 이제 남은 자들, 더는 울지 않는 자들, 그리고 자신이 어딘가에서 새로운 숨을 살아

쉰다는 점을 어렴풋하게나마 사실로 깨달아 본대로 장례가 수습된 단 말이지"

정리 의식이 끝나고 상주든, 사람들이든, 한사코 눈물을 뿌리고 거두든지 모두 바다를 등진 채 집으로 돌아가 술상 앞에 앉아 시편 이삼 편에 운율을 시름하니 후용은 상주인 상기할 만한 허무함도 없으려니 생각했다.

"허, 아버지 가시고 나 불면, 맘이 허허롭기가 천당만 할까. 밥맛도 없고, 괜스레 술잔만 비우고 앉았네. 잉"

상주인 상기는 거의 취함에 있어, 낮술을 따른 후용이 혀가 꼬인다.

"성, 그러면 안 돼야. 아무리 속상해도, 혼자 그러고 있으면 안 되어라. 난 늘 너 옆에 입 당겨있어라."

상기가 히죽이다 자갈친 부산한 사투리가 불쑥 인다.

"그래도 맘이 시리다가 만당(晚唐) 친다. 아이가. 아버지 앉으셨던 자리만 봐도 눈물이 핑 돈당."

후용이 맘이 동변상련(東邊相憐)이다.

"그 자리, 그냥 비워놔. 그라야 아버지 생각날 때마다 이야기하고, 또 웃기도 하고 그런 거 아니었소."

상기가 맘을 푼다.

"허허 네 말 듣고 나니 좀 덜 시린 거 갓당. 고맙다, 후용아."

후용이 덥석 상기를 품는다.

"같이 있자 잉. 우린 혼자가 아닌 거라."

초임이 술에 취해 몽롱한 후용의 등을 부채로 살살 두들겨 패 걸걸한 목소리로 그를 깨운다.

"죽음은 원래 물로 돌아 갓 소. 거여가 왜 잇소. 남은 거, 별거 없어. 살아생전 못다 해준 거 후회하고 살면 그만 아니 갓 써."

며칠 후, 후용은 파도가 물든 모래 위, 붕장어의 흔적을 찾으려 눈이 빠지도록 바다의 너울을 지켜봤다. 그리고 얻은 결론은 속음이다.

"내일 밤이면 흔적은 가본 적도 없는 것처럼 이 역시 파도에 지워져 버리고 흔적만 소금강이다. 언젠가 나도, 이런 식으로 슬픔을 보내고 홀가분하게 이 섬에서 등을 돌릴 수 있을까."

밤은 그리 길지 않아서 금방 앞이 캄캄해졌다. 잠 속에 꽃상여가 다시 보였다. 물푸레나무라는 꽃밭에 신들의 혼례가 한창이다. 수면처럼 물풀이 바람처럼 몸을 흔들었다. 해초의 줄기 끝마다 은빛 꽃이 피고 있었고, 빛에 젖은 잎사귀는 번개의 파편처럼 눈부신 꽃

가루를 산소처럼 흩뿌렸다.

심해의 계곡 사이를 지나자, 바다는 서서히 안개 깃든 올림포스로 변해 갔다. 천둥 구름이 하늘의 왕좌를 감싸고, 수평선 위에서는 은빛 번개가 춤추었다. 황금과 비단을 걸친 신들이 원형 무대 둘레에 정숙히 앉아, 다가올 순간을 바라보고 있었다.

나의 환영이 물 위에 얼굴을 내밀었을 때, 해풍이 뺨을 스쳤다. 갯바위 위, 아버지가 지게를 지고 서 있었다. 서로 얽힌 미역과 다시마가 지게에 실려 바닷물을 방울방울 흘렸다.

방울이 흩어질 때마다, 왕좌 뒤편의 번개와 겹쳐 번쩍였다. 그날의 해초는, 헤라의 발아래 피어난 꽃밭과 닮아 있었다. 은빛 챙을 드리운 왕관, 새벽빛 피부, 그림자를 드리운 거대한 공작새. 그 곁에서 제우스가 하늘과 대지를 사슬로 옭아매고 있을 때 멀리서 테티스의 목소리로 파도 소리가 전설처럼 들렸다.

"꽁꽁 묶어라, 머리카락 보일라, 꼭꼭 숨어라, 왕관의 사슬이 부러지면, 세상이 무너질 것이다. 찢기면, 별들이 길을 잃으리라"

지게 바 작(昨) 속 해초는 서로 다른 물살에서 자란 두 줄기였다. 오늘은 한 바구니 안에서 얽혀 있었다. 별들이 서로의 궤도를 잇듯 바다는 옥빛 속에서 청색으로 반짝였고, 하늘은 핏빛과 황혼빛을 함께 띠며 노을은 붉게 환호하며 산호초 군락을 이루었다.

빛 속에서 제우스와 헤라, 근친을 상관하는 부부는 하나임을 알았다. 하늘의 궁이 무너져도, 저 두 별은 다시 같은 궤도로 돌아올 것임을, 후용이 꿈을 깨고 잠에서 눈을 부스스 눈이 부셨다.

<여울목>

자글대던 조약돌들이 썰물의 밀려가는 파도와 함께 점점 잦아들고 있었다.

초임이 짝지에 붙여 둔 마른미역을 차곡차곡 걷어 도톰한 새끼줄로 묶어 어깨에 짊어지고 조강 날에서 마을로 걸어 올라오다가 근거리에서 타박타박 걸어 내려오는 후용과 마주쳤다.

"저 내친김에 내일 너울 목까지 한번 나서볼래요?"

후용이 망설임 없이 고개를 끄덕였다.

너울 목은 소안도에 속한 제주도나 대마도 중간쯤에 숨어 있는 또 다른 섬일지 모른다. 소설은 대개 그렇게 옛 지명으로 동명 되어 이어진다. 그런 연유로 이곳 등대가 있는 섬 여울목엔 암초가 많아 하루에 썰물이 두 번 들었다가 나가야만 땅이 드러난다는 전설이 있다. 이 섬의 옛날 이름은 소안면 자지도.

뱃길을 쉽게 내어주지 않는 당사도 자지도, 후용과 초임이 이곳에 도착하자 무섭게 일던 샛바람도 조금은 자지러들고 오히려 선선히 암초가 길을 비켜 좁은 해안가로 길을 터 주자 둘은 배에서 내려 모래톱에 똑딱선을 묶고 섬 꼭대기에 서 있는 등대를 향했다.

섬 울림이 무섭다. 갯바위의 비명은 파도에 철썩인다. 둘의 관계는 밀려가고 밀려가며 서로를 세차게 때리며 내지른 비명이 쩌렁쩌렁하게 울리는 소리를 모래와 자갈, 개펄이 너울 치며 발목을 붙잡고 울음보다 먼저 살려고 달려든다. 울음은 두려움 보다 앞서 달린다.

이윽고 후용과 초임이 다 달은 섬, 망대는 언덕엔 빛나는 등대 빛바랜 탁자 파라솔은 오랜 침묵을 견뎌낸 흔적이 벗겨진 칠로 역력한데, 거기 낡은 벤치에 뜻밖에도 한 여자가 조용히 앉아 있다. 등대지기인가 그렇게 생각하고 다가가 마주하는 순간 멈칫, 후용이 본 그 얼굴은 낯설지 않다.

연주였다. 과거 서울의 여자, 그는 연주가 분명 했다.

"여기서 뭐 해…?"

후용이 깜짝 놀라 물었다.

연주는 무릎 위에 손을 모으며 대답했다.

"숨으러 왔어요. 누군가를 피해서라기보단, 나 자신을 몰라서요."

"뭐라고!"

두 사람 사이의 공기는 오래 묵혀둔 슬픔과 후회, 한편으로 미묘한 평온이 오랜 시간 뒤엉켜 풀어지지 않던 실타래가 서서히 풀어지고 있음을 느껴졌다.

"그때, 나한테 왜 아무 말도 안 했어?"

후용이 벼랑 끝에서처럼 묻는다. 연주는 두 팔을 감싸고 눈빛에 만감이 교차하듯 어설프게 말을 이었다.

"말하지 않으면 없는 줄 알았나요? 아픈 것, 후회하는 것…, 형이 떠난 후 여기에 와서 느낀 게 아프니까 주기도 하고 살려고 발버둥을 치다 조금 덜어내고도 싶고 그래서 여기에 어깨를 빌려서 살고 있다고요. 저는 다만 조금 덜 아프게 좀 덜 무겁게 살다가 지고 싶었다고요"

가슴 한쪽에 켜두고 살았던 등대 불빛이 미묘하게 깜박이다 꺼졌다. 후용은 뭔가가 가슴 깊은 데 잠겼던 의문 하나가 기어코 풀자고 고개를 떨궜다. 이 모습을 본 연주가 토라진 말을 이었다.

"우리가 여기서 끝낸 일로…우리는 다시 살아 나갈 거예요. 아무리 가진 것과 날 게 없는 것 같아도."

짧은 해거름이 한발 앞서 어스름한 땅거미 뒤로 등 뒤에서 엄마를 부르며 뛰어오는 아이와 후용을 부르는 초임의 소리가 맞장구처럼 들렸다.

말이 섬망을 밀어내는 해리성 길이다. 한참 후 후용은 초임과 다시 배안에서 등대를 바라보고 나란히 앉았다. 돌아가 시간이 얼마나 남았는지 몰라도 바다는 계속 흐르고, 상처는 천천히 무뎌져 간다.

노를 저어 삐걱거리며 소안도로 돌아오는 길, 후용은 은은한 등대 불빛이 바다 내음을 천천히 아주 천천히 누그러지다, 늘어난 걸 초임과 함께 아주 오래도록 배안에서 지켜보았다.

오랫동안 머물던 후용의 마음속에 연주가 무겁게 가라앉은 자갈들처럼 모래와 함께 철썩이며 찰랑이다가 파도에 씻겨 너울 목 가지에 조용히 가래로 가라앉아 목젖에 젖는다.

<실뱀장어의 길>

어스름한 저녁, 해안도로 옆 민박집 툇마루에 앉아 있던 후용은 여느 때처럼 바닷바람을 맞고 평상에 누워 하늘에서 떨어지는 별똥별 유성이 떨어지는 합천길을 기어코 찾아 멀리 흐르고 있었다.

그때 민박집 2층에서 베란다에 나와 지팡이에 몸을 기댄 채 바닷가를 바라보던 주인 할아버지가 말을 걸어왔다.

"처음 오는 이가 아닌가 뵈?"

후용은 고개를 끄덕이며 말했다.

"네 고향에 내려와 잠깐 머무르는 중입니다."

노인은 그냥 웃었다.

"나도 젊었을 땐 한때 그랬지, 그런데 결국 되돌아와! 실뱀장어처럼, 남몰래,"

할아버지가 묻지도 않았는데 서두른 말이다.

"나가 봐야 하는데"

"어딜요"

"노인들은 노인들만의 놀이가 있지, 한밤중에 말이야."

후용이 숨을 죽인 채 할아버지를 따라나섰다. 할아버지 손엔 촘촘한 그물로 야물게 만든 뜰채가 들려 있었다.

조강 날 짝지엔 벌써 손전등과 뜰채 그리고 소쿠리를 든 노인들이 웅성대며 소곤거렸다.

"오늘이 그날이지, 실뱀장어가 올라오는 밤."

어두워진 구름 속으로 살짝 달이 숨었다. 금방 다시 환하게 달이 구름을 비키자 반짝이는 손전등 불빛 아래 어린 장어들이 꿈틀거리며 뭍에 떼를 지어 몰려들고 있었다. 노인들이 앞을 다투어 바구니 뜰채로, 실뱀장어를 떠올리려고 야단법석을 동시에 떨었다. 복채가 연보의 주머니던가, 잉크처럼 검푸른 치어들이 배를 하얗게 뒤집고 등을 푸르게 한 다음, 뜰채 안으로 쑥 들어오면 노인들이 손으로 미끄러운 풀 배를 거듭 쓰다듬어준 후 다시 조심스럽게 바다에 풀어주면서 복을 달아 보낸다.

"이 애들은 꼭 한 번 고향으로 돌아오는 법이야. 지나간 죄도, 바람도, 결국 조강 물을 타고 다시 흘러들어오지."

후용은 마음이 흔들렸다.

"할아버지, 죄도 그렇게 흘러 되돌아오는 건가요?"

노인은 한참 동안 후용의 깊은 눈과 바다를 동시에 바라보다 낮은 목소리로 호흡을 토해 놓았다.

"죄는 오래 묵으면 돌처럼 가라앉지. 반면에 용서는 시간이 다 지나고 물살이 누그러들 때, 그때야 비로소 천천히 떠오르는 거야."

그때였다.

사금파리 하얗게 흩뿌려진 모래톱은 파도가 씻겨 도말하고 잿빛으로 물든 달빛은 구름을 회색으로 덧칠했다.

희끗. 후용이 물끄러미 바라보던 눈시울에서 꼬리를 찰랑찰랑 흔들며 바닷속으로 헤엄쳐 가는 실뱀장어 새끼들이 똘똘 뭉친 커다란 물 꾸러미가 잠깐 비치다가 급히 사라진다.

환상은 환생과 같다. 어린 날 일찍 세상을 떠난 아버지의 얼굴이 그려지기도 하고 얼굴도 모르는 원기 작은아버지나 무수하게 또 다른 얼굴들이 각기 물색과 꼴들을 따라 하늘이라도 수복하려는 양 대거 바다에서 떠돌았다.

아버지를 잃은 아이들이 어떻게든 아버지를 그려보려고 틈만 나면 모래사장으로 내달려도 바다는 쉽게 모래톱을 내주지 않았다. 그래도 여전히 놀이터엔 모래가 덮였다. 어느 때부터인가, 모래가 우레탄으로 둔갑한 요즘의 상황이라도 아이들은 그곳만이 숨고 살아날 판인 줄만 알았다.

요즘은 그나마 사라지고 없는 동네, 목4동 모 세미 놀이터에 바다가 나타나기를 기다려 줄기차게 모래사장으로 달려가 그리고 싶던 예수님의 사진, 그걸 지켜보던 어머니를 떠올리면 마음이 아팠다.

후용이 혼잣말을 중얼거렸다.

"아픔이, '풀'의 예비 될 줄 그때 저절로 알아냈다 한들, 일종의 자비는 해원의 방생 길, 언젠가 아버지도 이런 밤, 돌아가신 시신들을 건져 올리며 작은목섬에서 넘어오는 해풍리 바람의 언덕에 작은 봉분을 만들어 쌓고 산소를 만들어 위령제를 지내는 마음이 그랬을까"

뇌염의 모기 지론 후용의 뇌막이 흔들렸다. 그의 깊은 고랑의 내

막을 모르고 모기가 물어 뇌막염에 걸린 팔 꽤진 가려운 두뇌의 네 막이 심하게 흔들리며 무한대로 흐려지자, 벌새의 환영 팔자에 진을 치고 앉아 초지진 두물머리에 굽이친다.

상상은 빛보다 빠른 눈의 한 칸으로 후뇌의 생각에 잠겨 망매(茫昧) 산 건너편 큰 고랑 안고 작은 고랑 넘어 큰골 안골 띠밭이 보이고 그 위에 연못이 고인 밑바닥은 후용의 뇌리에 사실 그대로 진실을 담은 돌이다.

돌에 떡잎이 나서 씨앗을 불린 이끼가 저수지인 탓에 큰골이 지금은 수원지로 고향을 송두리째 담은 후용의 뇌 병변, 쾌나 쾌가 불쾌는 아포페니아 불 가마터 대 뇌어진 신경질 모르핀이 전달하는 A10 신경전, 그 이전에 공명이론은 팔괘를 따라 띠밭을 갈아엎던 부정이 모친 자갈을 골라 옥토를 만들었던 타작마당 저기 용궁이 곶자왈 제주도 보인다.

바닷속엔 궁궐 안 마당 농부의 보리 밀 타작마당에 들녘은 황금벌판 고추나무, 가지, 녹두. 콩팥, 옥수수이파리가 바람도 불지 않아도
썰물에 흔들림을 보고 들판엔 녹두꽃이 피었다. 허수아비 세운 연못이 거기 풀밭의 고인돌에 앉아 무광을 쪄서 돌을 고르다 허기지면 나누던 새참, 어머니가 생각나면 불어주고, 불러 주시던 바닷속 용궁의 이야기, 물지면 거기 청개구리 고래고래, 물고기로 변한 여치 한 마리가 후용의 눈시울에 앉자, 초승달이 저문다.

후용의 독백이 고독처럼 씨부렁거렸다.

"할아버지도 돌아가시고 아버지도 돌리어 보내주시고 어머니가 돌아가시면 내 마음은 하늘 아버지를 내 속으로 곱게 모시고 내 속에 하얀 면사포 신부가 되면 그 제사 산불 아래 사평역 이에 구석에 저 혼자 누워 계시다. 건너편 까막산 장씨 문중을 바라보고 눈 아버지도 신부가 된 사실, 곽재구 나 주근깨 나무나 널빤지는 다 그렇다.

강심장은 산불의 사평역에 말없이 자지러지며 바다 위에 달빛처럼 번진다. 어린 장어들이 물살을 따라 흘러갈 때 후용은 알 수 없는 사건의 지평인 수평 부정이 눈가를 떨리게도 적시고 자기는 몰래 눈물을 삼켰다.

죄든, 슬픔이든, 돌고 돌아 결국 고향으로 스며드는 법을 계시한 징기스칸, 게르가 두루두루 뭉실하여 몽글몽글하게 모남을 갈아 한데 묶어 몽돌에 달아 질 저울이면 '태무진'이 풀어 논 백팔번뇌 '놔두'가 손목에 염주를 부여한 용서는 누가 받아 풀어야 풀리는가?

용서가 편지였다.

마음이 가장 고요한 밤, 물살처럼 스며드는 샘, 수가성 우물가에 동이는 법안은 독 안에 든 쥐, 생지옥이 항아리 속의 쥐를 생각하여 곰곰이 고뇌하여 풀무를 당겨 판다. 불문은 반달에 재갈을 물려 불곰이 풀어야 할 때 백곰이 흘러가는 한탄강 어디로 흘러갈지 곰곰이 생각한 후에 소 안으로 흘러가며 뇌리에 되새겨 풀어지기까지 머리에 쥐가 나 생각의 띠를 두르고 마르면 달도록 도달한 이곳 소안도다.

당산은 이곳으로 당겨지며 벌어지는 틈새엔 반드시 생기는 탄소 산소는 땅에 떨어지기 무섭게 말이 되어 두만강이 한탄하는 의태어 한탕주의가 탄식하는 기도 소리에 의연한 의성어, 한강이 외치는 탐진치 말의 흐름이 소리가 되어 소 안으로 흘러들며 의(依)도가 그럴 연(然)에 구성되어 옛 모습을 그대로 유지하듯 있는 그대로의 상태가 태연자약하다.

<그믐배>

바람결이 흑단처럼 어두워진 밤, 이 마을엔 오래전부터 내려오는 말이 있다.

"달 없는 밤이면, 누군가는 몰래 바다 너머로 사라진다."

오늘이 바로 그믐밤. 창문 너머 바다가 유난히 고요한 것이 후용의 마음을 건드렸다. 마을 사람들은 불빛을 아끼듯 모닥불 한 무더기를 지펴두고, 침묵 속에서 눈짓만 오갔다.

낮에 이미 이런 소문이 돌았다.

"오늘, 누군가 그믐배에 탈 사람이 있다더라…"

후용은 스스로에게 물었다.

"나는 무엇을 기다리고, 무엇을 두려워하고 있는가."

자정 무렵, 창문 아래로 스치는 발소리, 누군가 낡은 뗏목을 끌고 선창 쪽으로 향하고 있었다. 잠시 망설이던 그가 검은 외투를 걸치고 문을 나섰다. 안개가 해변에 짙게 내려앉아 있었다. 멀리 선창에서 그림자가 조용히 노를 젓고 있었다.

언제부터 뒤를 따라왔는지 후용의 등 뒤에서 초임이 낮게 속삭였다.

"저도 어릴 적에… 저렇게 떠나고 싶었어요. 아무도 모르게, 달조차 숨은 밤에."

둘은 한참 동안 검은 바다 위로 멀어지는 배를 바라보았다.

잠시 후 초임이 고개를 숙였다.

"그런데 전… 결국 남겨졌죠. 여기, 나… 그리고 후용 씨도."

떠나는 자의 두려움보다 남는 자의 슬픔이 더 깊다는 것을 후용은 깨달았다. 바람이 멎은 해안에 작은 물결 소리만 남았다. 그 순간, 마음 한편에서 조용히 말씀이 스며들었다.

"너희는 가만히 있어, 내가 하나님 됨을 알지어다."

바닷바람에 떠올려진 말씀들이 갯바위를 철썩철썩 후용의 가슴을 때렸다. 모세가 떨기나무 앞에서 들었던 음성, 야곱이 꿈속에서 만난 하나님, 푸른 초장 쉴만한 물가, 양들이 침묵하는 소리, 광풍 속에서도 나를 지키셨고, 어둠 한가운데서 길을 비추셨던 등불은 멀리 계신 신이 아니라 숨결처럼 내 곁 등배에 계셨다.

두려움 대신 신뢰를, 원망 대신 감사를 붙들어야 함은 바다 건너 누군가가 아니라 자신이 지금 여기서 새벽을 맞이해야 빌리 그래야 함을 알았다.

달이 높이 떠오르고 별들이 한 줄로 늘어섰다. 북소리가 울리고, 발걸음이 리듬을 타며 움직였다.

초임이 빙글빙글 몸을 돌리며 외쳤다.

"Lose yourself – 오! 루즈 유어 셀프"

그녀가 짝지 밭을 밟으며 춤을 춘다. 후용이 초임의 손을 잡자, 달밤에 체조가 시작되었다. 땀방울이 피부 위에서 다이아몬드처럼 반짝였다. 발걸음에 돌이 부딪치면 불꽃이 일어났다.

"덴스 틸 돈"

조약이 돌이다. 춤이 건강의 체조라며 자갈들이 말했다.

"춤을 추자. 세상이 느려지는 순간까지, 불을 지피듯 둘이 춤을 추자. 새벽이 황금빛으로 물들고 그림자가 사라질 때까지"

춤을 출 때 각성이 일어났다. 주안에서 마음껏 춤추는 이 순간이야 말로 진짜 떠남이고, 진짜 자유다.

"Dance Till Dawn."

허 츄 후용이 춤을 추는 동안 그믐배는 바다를 건넜다. 누군가 그 배에 몸을 싣고, 누군가 그 떠남을 바라본다.

눈에 보이니 더 이상 배는 도피의 상징이 아니게 되었다. 초임의 배가 자신의 배에 머물며 출렁일 때마다 후용도 자기 자신 피안의 파도를 건넜다. 아침 바다 갈매기가 기러기를 부르며 머리 위를 가로지를 때 까마귀가 울었다. 보통이던 의식이 명료하게 깨어나 감각과 정신이 자극하는 반응 상태가 심박수 증가시켜 기민함을 향상하여, 생리와 심리가 서로 각성하여 뇌파에 신경을 활성화하면 모든 별과 띠를 연결한 월계수다.

그때 각성이 다시 일어나 분발했다.

"그믐 배달이 없는 밤, 물결도 숨을 죽이며 떠나가는 배, 노를 저는 소리, 심장의 박동 소리 어둠이 묻는다. 너는 바다를 건널 것인가, 아니면 마음을 건너갈 것인가?"

<물뿌리>

"물 한 주전자 가져오소"

계절풍이 지나며 내지른 소리에 대문 옆에 심 기운 모란이 잎을 떨고 앞산 단풍들이 불이 났다. 당산지기, 은행잎도 노랗게 물들었다. 계절의 변화에 소안도 전체가 조용히 움직이고 있었다. 새벽에 동청(動聽)에서 외친 횃소리 한마디에 섬사람들이 일사분란(一師紛亂)하게 집 앞에 주전자를 들고 모두 숭고한 마음으로 서 있다.

꼬장꼬장한 민박집 할아버지는 물론이고 허리가 굽은 상점 할머니도 한쪽 다리가 불편한 이장댁과 임산부인 천안댁도 초임과 아이들도 남녀노소 불문하고 너나 할 것 없이 모두 주전자를 들었다.

초임이 후용을 보며 설명했다.

"조강 날을 하루 앞두고 집, 집마다 '불바다'란 글씨를 대문에 방을 붙이고 이 섬에서 난리를 당한 이들을 위해 물을 뿌리거든요."

후용이 의아하여 되물었다.

"왜요?"

초임이 다시 일러주었다.

"일종의 의식이죠"

후용이 알아먹은 듯 중얼거렸다.

"일종의 물의 날 같은 거군요"

초임이 웃으며 설명했다.

"아니 물난리요. 한마디로 말하면 물로 떠나는 사람을 위한 의례지요. 여기서 살았던 사람들이 여기서 겪은 무섭고 두려운 일들, 그것들이 먼지를 끌고, 서양이나 동양이든 육지 어디든지 가도 상관없는데, 물귀신 작전을 쓸 땐 자기만 물속으로 데려가지 말라는 일종의 물뿌리게 날"

사람들이 주전자를 들고 큰골로 이어지는 행렬이 참으로 장관이다. 후용이 초임의 말을 다시 되새겨보니 그제야 정말 알 것 같기도 했다. 주민들이 참새골에서 주전자에 물을 가득 길어와 자기 집 대문 틈새에 자기 몫의 물을 방울로 뚝 뚝 떨어지지 않게 주전자를 사용하여 한 방울도 끊어지지 않도록 서서히 그러나 천천히 전부 다 흘러넘치도록 길가에 부어야 한다.

물길이 구불구불 대문 밖으로 흘러갔다. 대두 한 말짜리 술주전자 뚜껑에서 일정하게 쏟아낸 물줄기는 때로 나름 시간의 길이를 일정한 수치로 제공한다.
사람들이 물길을 잡으려면 이전에 할 순서는 정해져 있다. 대문에 빗장을 잠근 후 두 손을 대문에 갖다 붙이고 그 위에 눈을 맞대 고개를 묻고 열둘을 센다.

"노랑무궁화 꽃이 피었습니다."

열두 달을 빠르게 센 다음 대문에서 오징어가 뜨거운 화로에 형체가 오그라들 때의 제스처를 취하고 몸을 떼서 허리를 굽힌 다음,

코끼리 코로 다시 열 바퀴를 돈 다음 일제히 물길을 따라잡아 물길을 막아야 한다.

후용이 물길을 따라잡으려고 잰걸음으로, 비틀비틀 허우적거리는 모습이 안쓰럽고 어지러웠다. 이건 순 돌지 않는 사람이 보았을 때 하는 말이고 돌고 난 사람은 진짜로 돈다. 어지럽게 지구가 빈혈을 따라 돌고 후용은 돌았다. 돌아본 후의 일상은 섬에서의 시간이 거꾸로 흐르기라도 하는 것처럼, 잊혔던 기억들이 하나씩 떠오른다.

저녁에 등 맞대고 밥을 먹은 '유성'. 잠수 끝에 꽃을 보았다던 '초임'. 비 내리는 날, 바다로 떠나던 그믐 배, 밤마다 꿈에서 섬 냄새 특유한 비린내가 따라오던 날 조강 날 짝지에 오징어나 문어가 고래고래 물결치며 나뒹굴 때 다시마를 미역 하던 감정들, 또한 민박집 할 배의 방생에 실뱀장어 새끼들이 보여주던 배 뒤집기 한 판이 뜰채에 남아 손에 끈적끈적하던 풀기, 자지도 연한의 등대지기 인양, 기성의 말끝에 유성이 꼬리를 물며 떨어지듯이 내뱉던 한 많은 말들, 그런 말 마라는 거짓말도 보이고, 말이 참 많아 오히려 거짓말 중에 참말을 고르기 힘들 때 거짓말이 더 돋보였다.

"물을 뿌리는 건 작별을 위한 말 없는 언어예요."

유성이 고택에서 내려와 별일 없었다는 듯이 꿈결처럼 말했다.

"불쑥 떠나는 건 절대 안 돼요. 떠난 다음에라도 별을 세는 마음은 남으니까. 그래서 물로 정리해요. 여기를 떠나는 당신이, 비로소 마음이 가볍게 되도록."

후용이 몽롱한 상태로 어처구니없다는 듯 유성이 떨어지는 걸 물 끄러미 바라보았다.

사람들은 아침부터 해 질 무렵까지 하루, 온종일 집 집마다 바가지에 물을 퍼담아 주전자에 흘러넘치지 않도록 주전자 코 밑 10센티 아래까지만 채워서 어떤 사람들은 지붕 위로, 어떤 사람은 처마 밑으로, 대문 틈새가 마를만하면 또 한 주전자에 '물'을 담아와 쉴 틈 없이 뿌렸다.

비 온 뒤에 땅이 굳기까지 의식은 마당 새로 깔린 흙먼지에 눌리고서야, 비로소 멈췄다. 물이 흘러간 대로 길 위에 새로운 물길이 뚜렷하게 말라가고 있었다. 바로 그때 정오의 뜨거운 햇살이 땅 위에 내리꽂아지고 얼마 후 빗방울 같은 물기들이 땅 위에서 피어오르기 시작했다. 뿌연 수증기가 아물아물 피어올라 안개와 함께 마을을 가렸다.

후용이 한 번 더 물을 길어 와 뿌리려고 안골로 가는 중 큰 산소를 넘던 중 마을을 내려다보니 마을이 완전히 사라지고 보이지 않았다. 언 듯 마을은 올챙이 머리 같고 꼬리는 조강 날 짝지 자갈밭에 긴 물줄기가 스며들어 바다로 이어지는 모습을 멀리서 보니 분명 도용이 아니라 올챙이가 분명했다.

안개가 서서히 걷히는 동안 후용은 참 샘에서 길어 온 물 한 모금을 입안에 담고 가 글로 구 굴, 구 굴, 헹궈냈다. 이가 시리도록 차가운 물이 입안에서 데워지자, 주저 없이 차가운 주전자 코에 입을 대고 벌컥벌컥 물을 마셨다. 아직 양은 주전자 몸통에 서리가 서린 듯이, 이슬이 방울방울 머물러 있었다. 물기가 마르기 전에 남은 물을 한 방울도 남기지 않고 후용은 자기가 머물렀던 방 앞마당 텃밭에 골고루 천천히 뿌렸다.

채송화가 처마 밑에 곱고, 마당 끝 붓꽃이 보란 듯이 보라색으로 피어서 나부끼는 바람에 나비의 시선도 저절로 끌려 저도 모르게 눈길은 준 시선들이 바다를 향했다. 모든 것이 바다로 흘렀다. 그건 마치 마음을 정리하는 마지막 붓질처럼 보였다.

뿌리는 건 작별이 아니라 보내는 마음, 그리움이 그렇게 구름을 뭉개고 요행을 바라다 그리운 그림들, 서산에 노을이 붉게 물든 눈시울도 결국 석양으로 눈길을 보내게 되는 태풍의 눈. 그러고 보니 조강 날에 물 뿌리는 모두 자기 자신을 향해 당겨지는 오줌보. 방관자의 의식이 이렇게 거창해질 수 있다면 우리 몸은 우주의 오대양 육대주, 오장육부가 뇌 섬을 향해 연결된 새총의 나뭇가지 와이파이는 가마터 백회를 열어 우주의 한 별이 이별임을 감지한다.

그날 밤, 후용은 밤하늘을 오래도록 바라봤다. 반달 아래, 조강 날 밀물지는 조금날을 관조하여 간만의 차를 조종하는 달거리에 고요하게 바람이 잦아들며 조용히 심인구를 깨우치는 중이다.

"범종마저도 메아리치며 우는 소리, 무더운 여름날에 울려 퍼지는 매미의 울음소리에 공명하여 종루에 매달린 절의 종도 웅성거리며 우는 듯 중도 그렇게 울며 치는 북소리 붕붕 날개 달린 모든 것들이 소리를 내니, 이전의 나도 천사였던 적이 있었던 모양이다."

후용은 불현듯이 자기의 이마에 박혀 있는 백호의 단추를 만지작거리다 점점 가려워지자, 점점 세차게 눌렀다. 피가 났다. 젖은 손등으로 스치는 바람은 스위치고, 그 덕분에 자신이 피어선 내피가 조금은 가벼워졌다는 걸 느끼는 순간 후용이 실성한 듯 외쳤다.

"지금 곧 떠나라 절을 위해서 스스로 중간은 그의 중심에 계시는 핵심은 감정, 마음은 아버지가 방에 들어가서 제 안에 재로 담긴 일로 인해 어떤 일이 일어남은 곧 사랑 안에서 믿음의 씨앗 같아, 보이지 않아도 자라나고 행위는 그 열매가 되어, 사랑으로 드러날 때 감나무에서 모든 걸 들어낸다."

후용의 실성은 아직 끝나지 않았다.

"보아라 신내림 같은 나그네의 언변이 해변에 닿자, 곧바로 오늘 이 지금은 시방을 현재 모래는 아직 오지 않아야 모세다. 그래야 나는 구교나 교구의 여자다. 이제 나는 남사당이다. 신부여, 너는, 그분의 숨결 따라 숨 쉬고, 그분의 눈물 따라 기도하라. 그리스도 예수의 신부라 불리고 불려 퉁퉁 눈덩이가 부어올라 그이가 그의 사랑 안에서 거하나니 네 이웃을 향한 걸음들은 그리스도를 사랑 하듯 행하라, 낯선 얼굴 속에 계신 주의 형상을 경외하라."

후용은 분명 신이 들린 듯 신명을 받은 목소리다.

"나는 두터울 후(厚)요, 용 용(龍)자, 바다는 용신굿이 물꾸러미 물려받게 되신 그가, 자기 스스로 의로운 이가 아니라, 경건하지 못한 자를 의롭다고 하시는 이를 믿는 자를 그 믿음으로 의롭다고 하셨다. 그리하여 그 행하지 아니한 자라도 믿음으로 그 복을 입고, 그 희생 안에서 거듭나라. 믿음과 행위는 따로가 아니다. 한 사랑, 한 주 안에서 진리는 진리가 되어 빛나는 기둥이니 이제 물길을 떠날 준비를 하여라"

시끄러운 소리에 마을 사람들이 몰려와 박수가 무당을 잡고 징을 치기 시작하자 금세 굿판이 벌어지고 초임이 건네준 치마를 허리에 두르자마자 곧바로 작두가 등장하고 후용이 대신 초임이 칼 위에 올라타 세월호 잠수사 관홍이를 부르자 후용이 동생이 떠날 차비를 받았는지 신명을 내었다.

"떠날 준비는 가방이 아니라, 마음을 덜어내는 데서부터 시작하라."

초임이 작두칼 위에서 훨훨 나비같이 날아올라 비행의 굿판은 밤새 미치고 날뛰다 밤늦게 끝이 나고 쓰러진 후용은 이슬을 맞으며 곤한 잠에 늘어졌다가 몽유(夢喩)는 비몽사몽간에 덧붙인다.

"안 돼 더 늘어지기 전에 첫배를 타야 한다."

생각이 여기에 미치자마자 조강 물에 쐰 한물은 다른 사람들이나 다른 날이 한물에 쓸려 이별을 예고하고 있는 말이 되었다.

<조강 날 짝지>

후용이 몽유병에서 깬 후 밤새 뒤척이다가 눈을 감은 채 민박 창턱에 걸려 있는 해묵은 시계를 바라봤다.

"5시 50분"

방 안은 물기로 이미 충분하게 축축하고 몸은 아직 눅눅하나 바람은 한점도 들어오지 않았다.

종선은 오늘 6시 30분에 뜬다. 후용이 싸둔 짐을 서서히 챙겼다. 행상이 늦기엔 조금 이른 시각, 그러나 벌써 정신은 한발 멀리 떠나 있다.

후용이 마당을 나서자, 뒷산이 천천히 아침을 받아 윤곽을 뚜렷하게 풀어주고 있었다.

후용은 자갈길을 천천히 걸었다. 발이 모래사장에 닿았을 때, 바람 한 가닥이 뺨을 스쳤다. 설마 했는데, 환영하던 그날처럼 사람들이 각기 처소마다 모여 있었다. 누군가는 물동이를 비운 대야를 들고, 누군가는 대문 앞에서 조용히 흰 천 조각을 손에 들고 있었다. 초임은 종일 입지 않던 남색 저고리를 껴입고, 툇마루에 오래 앉아 깊이를 바다에 담근 생각만 오락가락했다.

그날 둘은 아무 말도 누구에게도 말하지 않았다. 함께하지 말라고도 하지 않았다. 다만 천천히 서로를 바라보며 고개를 끄덕였다. 둘만의 전음이 오갔다.

"오늘이 조강 날이에요."

초임이 눈짓으로 말했다.

"우린 그래요. 그냥 그렇게 불러요. 기다린 끝의 끝은 새로운 그리움, 파도가 가장 얌전해지는 날, 하지만 마음이 가장 흔들리는 날."

초임의 말에 후용은 대꾸하지 않았다. 가슴팍 어디선가 저린 듯한 고요함이 번졌다. 등 뒤로 종선의 기적이 멀리서부터 울려왔다. '종선'이 방파제를 천천히 돌면서 '명륜호'와 접선을 준비하고 있었다.

선창에 달그락거리며 닻줄을 묶는 소리, 한 무리 사람들이 들어와 종선에서 내리고 한 무리 떠나려는 사람들이 줄을 서자 익숙한 도선사의 걸걸한 음성이 방파제에 부딪고 튀어 올랐다.

"탈 사람 탑시다. 오늘 길 좋아요."

후용이 섬에서 발을 떼었다. 무겁지도 가볍지도 않았다. 그저, 더는 미뤄둘 이유가 사라지고 있었다.

후용이 배에 올라탔을 때, 초임이 입을 달싹이며 조용히 말했다.

"등은요, 떠날 때 가장 멋지게 보여요."

후용은 초임의 말을 등 뒤로 받았다. 배가 천천히 후진을 했다. 어지러운 머리에 섬망이 번뜩였다. 섬이 물러나는 것인지, 그가 물러서는 것인지 점점 경계가 희미해졌다.

갑판 안에 사람들은 말이 없었다. 파도의 리듬만이 몸 아래로 전해졌다. 뱃머리가 숨을 고르듯 부릉부릉 시동을 걸고 있다가 천천히 속도를 냈다.

그제야 후용이 고개를 돌렸다. 섬사람들은 여전히 선착장 난간 위에서 손을 흔들고 있었다. 전송이 아닌 환송인가 보다 했다. 흰 천들은 바람을 타고 울렁였고, 그것들이 꼭 누군가의 말 같았다.

"잘 가요."

후용은 한순간도 스스로에게 묻지 않았다. 모든 순간이 그렇다면 물음은 항상 낚싯배가 납덩이같이 무겁게 달고 있는 바늘을 비늘이 아닌 납골당(納骨堂)의 바람이라 생각했다. 납은 가라앉으며 더는 묻지 않는다. 왜 떠나는가? 무엇을 남기고 가시는가? 돌아올 것인가? 그런 걸 더는 묻지 않아도 물음을 간직하지 말라곤 하지 않는다. 이는 곧 알아차림이다.

후용이 대신, 줄에 달려 떡메를 치던 바보가 말하자면 밥보의 어원이 떡밥이라고 아주 천천히 속삭였다. 그러니까 여 뉘 누구를 향해 갈치기보다는, 자기 자신을 품에 안듯이 가볍게 판에 박은 모판이 울리는 듯 했다.

"후용아…잘 왔다. 이제, 정말로 잘 나가자."

그로부터 배는 소 안에서 육지로 멀어지는 섬의 윤곽이다. 섬이 이내 구름 속으로 스며들었다. 바닷길은 다시 뜨거운 햇빛 위로 길게 열리고 있었다. 배안에는 표어가 여기저기 붙어 있었다.

"배 위는 물산을 갈치는 선상이다."

섬을 떠나는 원주율에 단어들이 끊임없이 반복적으로 매달린다.

"멀어지는 건지 다가오는 건지 모를 바람이 선상의 아리아다."

후용은 여객선 난간에 기대었다. 햇빛은 바다 위에서 잘게 부서지고 발끝 아래 투명한 유리(流離) 망이 부포처럼 허공에 매달려 있다. 마치 모든 그물이 섬에서 찢겨 나온 한 조각 숨처럼 바다로 떨어지지 않으려고 끝까지 대롱대롱 매달린 마지막 끈 같다고 후용은 생각했다. 전등 스위치를 올리면 불이 켜지고, 라디오에서는 하루 세 번 같은 뉴스가 거짓으로 흘리는 찌라 시가 뉴스를 탄다.

타는 건 불에 선하다. 선실 부엌 창 너머엔 프로판가스가 배달은 민족 우아한 기온과 물빛의 배달통은 횡간도 그 안에 자장보단 짜장이 더 익숙한 듯 내 안에 내가 깃든 걸 어렴풋하게 깨달아 본 섬망이 그렇게 배가 부를 때마다 부드럽게 흔들리고 배 아래 매달린 추가 유리 망(網)에 찰랑거리다 이내 파도가 출렁이면 그 속에서 마침내 자신의 원주를 보던 후용이 흥얼거렸다.

"매일 걷던 길, 반복되는 얼굴, 처음과 끝이 맞물린 대화, 해마다 돌아오는 같은 계절들, 끝없는 숫자열 3.14159…그 안에 떠난 이들과 종잇장 같은 기억이 흩어져 있다. 섬을 떠난다는 건, 직선으로 걷는 일일까, 아니면 교류하듯 손사래가 들린 신인들, 에스나 노인가, 그러면 이 원에서 벗어나 다른 원으로 갈 수는 있을까?"

물음은 계속하여 눈에 비늘을 갈치는 바늘과 같다. 후용이 사울처럼 눈을 비비며 중얼중얼 씨부렁대듯 말을 풀어논다.

"그래 그러면 그렇지, 그렇다면 모든 섬망의 끝에 또 다른 원이 기다리고 있겠지, 그건 한 방울 물방울은 눈물이나 이슬과도 같은 거야"

세찬 바람과 파도가 유리 망에서 튕겨 나와 후용의 눈망울을 스쳤다. 섬의 편린(片鱗)들이 하나씩 떨어져 나가 준치에 달라붙는 동안 갈치는 은갈치 비늘을 벗고 바울도 그런 바다 수평선 사건의 지평 멀리 사라진 후 다시 돌아온다. 전기도 물길도 눈빛도 네모난 방안에선 허름한 벽지까지, 남은 건 오직 나 하나 별 하나, 삶의 편리가 떠나자 곧바로 남편의 불편이 남았다. 이녁의 남편이야말로 배우자가 불편하다는 말이 그런 뜻이라고 생각한 후용이 성어를 풀었다.

"앞으로 다르더라도 똑같은 이 말이 다른 말과 함께 걸어갈 말들의 사투리가 방언의 종이 위에 유일한 말씨는 습자지의 연습일지 모른다."

후용은 굳게 난간을 잡고, 배와 물결 사이 포물선에 눈을 맞춘 후 바다에 두 손으로 하트를 만들어 고래고래 소리친다.

"바다, 너는 빛을 부서뜨리고 부서진 몇몇 파편의 조각들이 원주율의 숫자처럼 배아래 수평선 노와 뽕, 망치로 두더지와 눈을 맞추고 해먹에 누워 해마가 새끼를 낳는다면 그놈은 숫양이 아닌 숫염소 그 외엔 모두 수놈이다."

후용이 언어들을 쓰다듬듯 머리 아파 난 지(知) 아들을 쓰다듬어 굳건히 발음하기를 결심한 듯 다짐한다.

"나는 너 없어도 산다. 섬 없어도 나는 산다."

목소리는 바다에 파도를 타고 투명한 유리 망 속으로 스며들었다.

놀랍게도 거기 유리(流離)된 그물망(網)이 싸안은 고어들이 은어처럼 잉어의 비늘에 반짝였다. 비단, 주단, 죄송, 바늘, 완투, 질투, 조수웅덩이, 호수, 간짓대, 바지랑대, 고추잠자리, 가슴, 하트, 우담바라(優曇鉢羅), 이런 글씨들을 매달고 살랑거리며 조소하는 비웃음이 조수는 나비랑 소나기랑 이슬이 보습이라 미스트로 오래간만의 차이가 간만의 차이로 수수만년 대수롭지 않게 흘러내리는 못 난 호수가 철물점이 된 사실을 잊고 수필 한 점만 백지에 덩그렇게 남는 독후감은 씨다.

<모호함의 바다에서>

세상은 언제나 절반쯤 가려져 있다. 안개 서린 바닷가처럼 경계는 흐릿하고 빛과 그림자는 서로의 형태를 뒤섞는다. 우린 그 안에서 살며 옳음과 그름을 재단하려 하고 사람을 '좋다' 와 '나쁘다' 로 가르려 한다. 그러나 모호함은 물결처럼 밀려왔다가 다시 물러나며 끝낼 수 없는 질문만 남긴다.

사람들은 말한다. 말실수라고. 하지만 우린 믿는다. 그건 실수가 아니라 무의식의 심연에서 올라온 자갈의 파편, 바위가 바다를 여는 깊은 그림자, 한 사람의 말 한마디에는 헤아릴 수 없는 해리길, 그가 걸어온 길, 겪은 추위, 감춘 노아의 멀미가 배의 소망에 호수를 펴고 소매에 장곤(將困)을 지고 스며든 철물점은 배에 있어 곰곰이 생각하며 오비가 '베어' 있다.

그걸 알게 되면, 서럽게 판단하지 못한다. 대신, 잠시 머물러 귀를 기울이게 된다. 좋음과 나쁨, 두 칸으로만 세상을 담으려 하면 관계는 부서지고 하나로 이어지지 않는다. 이런 회색지대를 부정하면 마음은 방임 속에서 흩어져 서로를 더 이상 알아보지 못한다.

우린 때로 관계망에서 오해를 풀고 다시 사귀고 싶은 마음을 조심스레 풀어 내놓는다. 마음은 항상 닫거나 닿는 것은 아니다. 마음의 일은 언제나 더디게, 그리고 반복되어 돌아온다. 중독처럼, 감정의 패턴은 끈질기게 다시 그렇게 되살아난다.

정신병리학 속 개념 하나가 떠오른다. 투사적 동일시, 불안과 분노를 타인에게 던지고, 그 감정이 상대의 내면에서 부풀어 오르는 과정, 내 안의 배포 속에서 폭언이 터지고 신경질이 번개처럼 번진다. 그러나 어떤 날은 헝클어진 실타래를 천천히 매만져 마침내 매듭을 풀기도 한다.

나는 안다. 이 모호한 세상에서 끝내 지켜야 할 게 나 자신의 자존 감이자 그 말이 곧 진리라면 자기 자신 안에 남은 양심, 곧 남의 감정에 흔들리지 않되 남의 말을 들어줄 수 있는 단단함, 그것이 있어야 속 알 머리가 있고, 쓸개가 있어 아무리 모호함의 파도 속에서도 가라앉지 않는다. 모호함은 끝내 사라지지 않지만, 배속에서 알 터는 더 단단한 나의 새끼로 배꼽 빠지게 줄을 꼬나 맨다.

끝없는 파도 위로 균형을 잡으며 달리는 자각은 스포츠카 서 퍼다. 변동하는 지각이 자각이라 항상 그러듯이 조강은 언제나 그 자리에 있다. 물과 물이 부딪히고, 밀려오고, 밀려 나가는 소리 없이 격한 곳. 사방이 섬이었고, 사람들은 이 섬에 깃들여진 듯 보여도, 결국은 언제나 떠날 준비를 마치고 떠나려 하고 있다. 뱃길에 나서는 차비는 항상 조심스레 말해야 한다.

"오늘은 조강 날이다."

말엔 두려움이 섞였고, 희망도 실려있다. 어쩌면 그날이 끝나고 나면 무엇이든 다시 시작될 수 있을 것 같아서. 혹은 끝이 오고 말 것 같아서. 조강 날은 언제나 그렇게 오리무중의 문턱은 날 버리고 가신님은 십 리도 못 가서 발병이나 발을 담그는 호수가 그리움이다.

이 연작에 등장했던 인물들도 실은 모두 하나의 결이었는데 독자들이 그걸 알현할지는 나도 모른다. 외따로 놓여 있지만 서로의 물살에 미세하게 흔들리고, 고립 속에서 조금씩 회복을 되새기며 걸어온 길. 때로는 무너졌고, 때로는 다시 일어났고, 무엇보다 자연을 통해 자기 자신을 다시 알아가는 시간을 나는 이 세 이야기에서 통찰을 마음의 왕도로 확장(擴張) 시켰다.

섬은 그 모든 것을 품고 있었다. 바람과 비, 조수와 적막, 생과 죽음의 경계를 미묘하게 잇는 어떤 영혼 같은 장소. 마을은 침묵했고, 자연은 말없이 그들을 씻어냈다. 고독은 그 자체로 정화였고, 역류는 예정된 순환이었다. 그렇다면 조강 날은 어느 한 날의 이름이 아니라, 사람마다 품고 사는 내면의 전환점이다. 묶여 있던 매듭을 자기 스스로 풀어내려는 고요한 진통. 닫힌 감정의 강줄기들이 흐르기 시작하는 순간, 누구에게나 오는 사건의 지평은 오직 그 개인에게만 찾아오는 집단의 무의식이나 느낌이나 감정으로 젖어 들어 있는 개인의 무의식, 조강 날에 잠겨 오는 빗소리 소안도 금성과 가학의 양산에 보슬거리는 봄비, 이런 비가 비말의 침이나 코로나는 홍 치(治), 가랑비는 때론 소나기다. 그래서 이 이야기의 끝은 회귀가 아니라 흐름이다.

내 눈은 하늘을 향하고, 함박 웃는 손사래가 무거운 벽돌을 들어 올리며 차곡차곡 쌓아 올린 공든 탑이 무너지고 거기 장작 위에 열반은 오금이 저려도 내려오지 않을 탑을 꿈꾸면 머리에 쥐가 나서 사방에 배를 타려고 선창으로 내달린다. 쥐는 사람이 사는 모든 걸 함께 하는 머리의 아픔이다. 태평양에서도 배가 기울면 어김없이 바다로 뛰어내려 위험을 알리는 용기 그의 호기심은 우리 뇌리에 아니 쇠뿔을 단숨에 뽑으려고 우리 머리에 들어앉은 곰의 아내거나 남편이다. 목에 이걸 증명하는 반달곰이 어두운 밤바다 너도밤나무숲을 지나며 속살거린 바람의 말이다.

그런 의미에서 바다나 하늘은 누구의 것도 아니다. 말도 마란 말만 따라 허튼 말로 서로를 묶던 밧줄에서 풀려나 낯선 울림으로 흩날리다 도착한 탑은 그리 높아지지 않고, 땅과 하늘 사이 좁은 틈새로 와르르 무너진 북새통 거기엔 와글와글 북적거리는 시끄러움만 끝내 서로 모르는 채 겨울은 빙판의 거울처럼 소복한 소리만 쌓여가는 내일은 모래와 같은 오늘이다.

<장후용 작가의 공부방. 고구한 날의 줄거리>

글을 엮는다는 말이 있다. 글이나 말씀은 글쓴이의 개성과 사상, 환경이 드러나기 때문에 창작으로의 작가들의 작품은 다양한 문체를 통해 자신만의 글쓰기를 완성한다. 백인 백색이란 말이 있듯이 글심의 다양성은 사람마다 성격, 스타일, 글쓰기 방식이 모두 다름을 나타낸다. 글이란 문장마다 글쓴이의 기질, 환경, 태도, 교육 수준이 묻어나 서로 다르게 쓰인다.

"문장은 곧 그 사람이다"라는 말처럼, 글을 보면 그 사람의 개성, 생각, 환경이 짐작된다. 문체의 개념과 유형은 아래의 6가지로 구분된다. 곧 문체란 문장이 가진 개성적 형태와 스타일을 의미하며 이는 간결체(簡潔體), 만연체(蔓衍體), 강건체(剛健體), 우유체(優柔體), 화려체(華麗體), 건조체(乾燥體)다. 이중 간결체(簡潔體)는 간결함과 압축, 절제가 특징인 문체다. 군더더기 없는 짧은 문장, 절제된 표현, 응축된 구성으로 빠른 의미 전달과 독자의 이해를 돕는다. 예를 들면 피천득의 「나의 사랑하는 생활」 중 "나는 잔디를 밟기 좋아한다. … 몇몇 사람을 끔찍이 사랑하며 살고 싶다. 그리고 나는 점잖게 늙어가고 싶다."

그러나 이처럼 간결함만 강조하면 무미건조해질 수 있으므로, 문학적 아름다움과 유연함도 함께 추구해야 할 때 만연체(蔓衍體)는 간결체의 반대로, 긴 문장, 많은 어휘와 수식어, 반복적 설명이 특징이다. 한 예로 김진섭의 「백설부」처럼 장문을 통해 깊은 상념이나 감정을 풍부하게 표현한다. 문장이 길고 복잡할 수 있지만, 내용과 표현이 조화로우면 문학적 성과를 거둘 수 있다. 초보자는 지나치게 길어져 산만하고 장황해질 수 있으니, 주의가 필요하다.

강건체(剛健體)는 힘차고 박력 있는 기세, 강인한 의지와 신념, 격렬한 감정 등이 드러나는 문체다. 민태원의 「청춘 예찬」처럼 청년의 뜨거운 피와 진취적 정신을 강조하고, 강한 호소력과 설득력은 연설문, 신문의 사설·논설 등에서도 많이 쓰인 이유가 강건하게 써야 할 내용을 부드럽게 표현하면 전달 효과가 떨어진다.

우유체(優柔體)는 강건체와 상반되어, 부드럽고 온화한, 조용하고 차분한 느낌의 문체다. '이양하' 「신록 예찬」처럼 서정적이며, 정적인 분위기를 강조한다. 과격한 단어나 강력한 주장, 열정 대신 잔잔한 호소력과 친밀감이 특징이다.

화려체(華麗體)는 비유와 수식어가 많으며, 아름답고 화려한 표현이 특징인 문체다. 시인들의 글체에서 볼 수 있듯, 다양한 묘사와 미문(美文)이 돋보인다. 내용 전달보다 미사여구에 집중하면 겉만 번지르르해질 수 있으며, 논리적 글쓰기에서는 적합하지 않다. 그 중 유하 시인의 「마침내 노란 초롱 밝히듯」은 풍부한 비유와 호박꽃에 대한 생생한 이미지가 인상적이다.

건조체(乾燥體)는 비유와 수식이 거의 없고, 직접적이고 간결한, 실리적·실용적 표현이 특징이다. 학문적 글, 칼럼, 논문 등에 적합하며, 논리정연하게 내용을 전한다. 문학적 향취는 적으나, 내용의 깊이와 탄탄한 구성, 설득력이 강하다. 한 예로는 이희승의 「딸깍발이」처럼 꼭 필요한 말만 알차게 쓰는 글이 될 수 있다.

문체 선택의 중요성은 작가들이 글의 목적에 따라 다양한 문체(간결체와 만연체, 강건체와 우유체, 화려체와 건조체) 중 자신에게 맞는 스타일을 선택하면 그에 따른, 독자들과의 공감과 완성도 있는 작품을 쓸 수 있다. 여기에서는 간결체와 만연체에 대해서만 살피겠다. 간결체의 예를 들면, 문장과 상념, 구성, 표현 모두에서 절제와 압축을 요구하며, 동시에 문학성과 예술성도 지녀야 한다. 그러나 지나친 절제와 압축은 문학의 아름다움 · 유연함 · 멋을 잃게 할 수 있어, 글이 딱딱하고 무미건조해질 수도 있다. 따라서 간결과 절제, 아름다움과 유연함을 함께 갖추는 일은 매우 어렵다. 다음 장후용 시인의 〈어머니의 두레박질〉을 살펴보자.

어머니가 흘린 눈물은 정화로 운 시간
순수란 주가 손수 눈물 한 방울 뚝 떨궈
오염된 물을 정화한 수가성 공동 우물가
사마리아 여인이 길러 물동이에 담은 참 샘.

이와 같이 간결체로 쓴 시의 형태를 보고, 다음의 만연체로 쓴 시의 형태를 살펴보면 만연체는 설명적인 어구를 접하는 독자에게 내용에 대하여 깊게 알려주거나, 운율감을 만들려고 할 때 문장의 길이를 극대로 늘이는 문체로, 정보를 충분히 전달할 수 있다는 장점이 있으나 쪼록쪼록한 문장의 긴밀성이 떨어진다는 흠이 있다. 역시 장후용 시인의 〈어머니의 물동이〉를 보자.

마을 저편
공동 우물 곁에
새벽이 소리 없이 스며든다.

어머니 모질고 찬 손끝으로
두레박을 우물 깊숙이 담그신다.

찰랑이는 우물,
참샘 안에는 달이
고요히 흔들리며 떠 있고

오랜 밤의 무게는
두레박 줄에 흠뻑 묻어
아직도 젖어 있는 듯하다.

간절한 어머니의 소망,
깊은 우물 속에서
말없이 건져 올릴 때

뚝뚝 떨어지는 물방울,
묵은 슬픔이 다시
바닥으로 가라앉는다.

첨벙, 맑은 것은 말없이
기품 위에 닿고, 이른 새벽
선잠 깨우는 두레박질 소리

어머니의 물동이가
찰랑찰랑, 가마터에
순수를 이고 간다.

장후용 작가(시인)의 "공부 시간"에 나타난 문체적 실험인 간결체와 만연체의 대비와 각각의 시적 구현을 작가 스스로 평론하여 본다.

간결체의 미학과 한계를 공부하자 장후용 작가의 간결체는 문장과 상념, 구성, 표현 모두에서 절제와 압축을 극도로 추구한다. 시 「어머니의 두레박질」에서 보이듯, 몇몇 문장만으로 이미지와 감정을 응축한다.

"어머니가 흘린 눈물은 정화로 운 시간 / 순수란 주가 손수 눈물 한 방울 뚝 떨궈 오염된 물을 정화한 수가성 공동 우물가" 등에서 단어와 장면을 절제해 사용한다.

간결한 언어는 깊은 의미와 강렬한 인상을 남기지만, 지나친 절제와 압축은 때로 문학적 유연성, 아름다움, 숨결을 약화시킬 수도 있다.

즉, 유려한 흐름 대신 딱딱하고 무미건조한 느낌이 들 수 있는데, 이는 예술적 균형을 맞추는 데 큰 고민이 필요하다.

그러나 장후용 시인은 최소한의 언어로 순수, 정화, 믿음의 함축된 이미지를 성공적으로 전달하며, 독자에게 사유와 해석의 여지를 넓힌다.

만연체의 풍요와 유려함은 만연체 시 「어머니의 물동이」는 정보와 감상, 리듬감을 충분히 전달한다.

"마을 저편 / 공동 우물 곁에 / 새벽이 소리 없이 스며든다."처럼 문장을 늘여 내용과 분위기를 상세하게 그려낸다.

설명적 어구와 길어진 문장은 시적 공간과 시간을 확장하며, 독자가 시 속 장면을 입체적으로 느낄 수 있도록 돕는다.

만연체의 풍성함은 세부 묘사, 감각적 이미지, 정서적 흐름에서 빛나지만, 긴밀한 응집력과 호흡 면에서는 단점이 존재한다.

그럼에도 "어머니의 두레박질 소리 / 어머니의 물동이가 찰랑찰랑, 가마터에 순수를 이고 간다." 이 대목은 일상의 정서, 슬픔과 희망, 모성의 이미지를 유려하게 확장한다.

두 문체의 대조와 문학적 의미
간결체는 현대 시에서 의미의 응축과 시적 미니멀리즘을 추구하는 경향과 연계된다.

만연체는 전통적 서사와 감성, 물리적 풍경을 깊이 있게 전달하는 방식으로, 장면의 여운과 인간사의 복합성을 넓힌다.

정후용 시인은 이 두 문체를 실험함으로써, 질감과 여운, 압축과 확장 사이에서 시적 모색을 거듭한다. 독자는 각각의 시에서 언어의 형태와 운율, 그리고 시적 정서의 다양성에 대해 더 깊은 성찰을 경험하게 된다.

평론의 요점은 장후용의 '공부 시간'은 간결과 만연, 절제와 풍요, 시적 긴밀성과 확장성이라는 두 지향점을 대비시켜 각각의 미학과 한계를 실험적으로 보여준다. 시적 문체의 변주를 통해 동시대 시의 형식적·내용적 다양성, 내면의 정서와 의미의 다층적 확장을 성공적으로 이끌고 있다.

〈 문수봉에서 본 봉우리들 〉

문수봉에 서니
건너편 큰 바위네 가족
서로의 이름을 부르듯 서 있다.

백운대는 희미한 구름을 품고
먼 데까지 흰빛의 구름 떼를 뭉쳐
양털로 털어놓으며 숨을 고른다.

인수봉은 날 선 기세로
하늘에 닿기를 주저하지 않고,
그 곁을 스치는 바람조차
잠시 멈추어 선 듯하다.

만경대는 멀리 펼쳐진 산의 물결을
한눈에 끌어안으며,
자신이 오래된 이야기를 이어가는
책갈피임을 말한다.

노적봉은 말없이 둔탁하여

기세 없는 기세의 무게를
한세월 고스란히 이고 선
사람의 등에 닿은 듯 따뜻하다.

나는 그저 바라볼 뿐이다.
이름을 불러도, 말을 잇지 않아도,
바위와 바람은 이미 나를 품고 있기에

바위산 품 안에서
나는 돌이 아니면서도 돌 같았고,
바람이 아니면서도 바람의 길 위에
선 산신령을 만났다.

《문수봉에서 본 봉우리들》은 장후용 작가가 서울 북한산을 배경으로 자연의 봉우리들과의 내적 교감을 섬세하게 보여주는 작품이다.

시의 주요 주제와 감상

이 시는 자연 풍경의 의인화와 관조적 시선이 두드러진다. 시인은 문수봉에 올라서 주변 봉우리들을 가족이나 친구처럼 명명하고, 각 봉우리의 개성을 감각적으로 그려낸다. 백운대, 인수봉, 만경대, 노적봉에는 저마다의 특성과 정서가 부여된다. 예를 들어, 백운대의 '흰빛의 구름 떼', 인수봉의 '날 선 기세', 만경대의 '오래된 이야기를 이어가는 책갈피', 노적봉의 '사람의 등에 닿은 듯 따뜻하다' 식의 묘사는 시인이 자연을 넘어서 봉우리들과 정신적으로 소통하는 태도를 보여준다.

자연과 인간의 관계는 시의 후반부에서 "나는 그저 바라볼 뿐이다"라며, 시인은 자아와 자연의 경계가 희미해지는 경험을 피력한다. 바위와 바람에 이미 품어졌기에 대화나 이름 부르기를 초월하는 관계가 성립된다.

마지막 연에서는 '나는 돌이 아니면서도 돌 같았고, 바람이 아니면서도 바람의 길 위에 선 산신령을 만났다'는 구절을 통해 산신령이라는 상징적 존재와의 만남이 나타난다. 이는 인간이 자연 속에서 자신을 잊고 자연과 혼연일체가 되는 순간을 그린다.

시적 기법과 표현은 시인이 자연을 인격화함으로써 감정의 입체감을 더한다. 다양한 봉우리들을 성격화(性格化) 함으로써, 봉우리마다의 '기세', '이야기', '따뜻함' 등이 구체적 이미지로 다가온다. 전반적으로 운율이 절제되어 있고, 묘사는 잔잔하지만 깊은 울림을 준다.

결론적으로 이 시는 봉우리 하나하나를 마주하는 신중한 시선과 그 속에서 자연을 닮아가고자 하는 시인의 내면적 탐색이 돋보인다. 자연에 기대어 '산신령을 만난다.' 결말은 인간과 자연의 경계가 사라지는 감동적 교감의 순간이라 할 수 있다.

<평론으로부터 전원은 시책의 전기>

전원은 모든 것이 그대로 어둠을 쫓아내려던 인류의 꿈길, 전류의 길 위에서 직류와 교류로 갈라졌다. 한쪽에는 에디슨, 집요하게 흐르는 직류의 강, 다른 쪽에는 테슬라, 변화와 파동으로 일렁이는 교류의 바다. 탑을 세우는 자의 고집이 번개처럼 도시를 찢고, 혁신의 바람은 사이사이 틈으로 스며든다. 옹골진 직류의 빛이 가로등 아래 고요히 내려앉으면, 멀리서 교류의 파도는 역동적으로 대지를 건넌다.

이 전쟁은 총성이 없었으나, 경제의 맥박과 문명의 리듬을 바꾼 소리 없는 대결의 구도, 투자자들은 금빛 전선 위에서 꿈을 사고, 발명가들은 불꽃 앞에서 진실과 미래를 맞대었다.

도시의 골목에 박힌 전신주는 언젠가 스러지고, 현대의 에너지, 신재생의 바람결 따라 직류와 교류는 지금도 서로의 경계에서 춤을 추며, 더 멀리, 더 깨끗이, 더 효율적으로 흐르기 위해 길을 내어주며 길을 좁힌다.

"영원한 승자도, 패자도 없다." 테슬라와 에디슨, 그 전통과 혁신의 이름이 지금, 이 시간에도 번갈아 빛나고 있다. 송전망을 타고 흘러드는 전기는 인간의 꿈과 산업의 미래와 경제의 약동 속에서 세계의 흐름을 주도하며 마지막 완성을 꾀하려 한다.

수십 년, 이러한 백 년의 전류 전쟁은 한 줄기 빛으로 이어져 이제는 모두가 평등하게 어둠을 나누는 에너지의 파동, 민주주의를 갈치는 볼락의 시선이 우리에게 남긴 것은 당파와 기술을 넘어선 더 큰 미래의 희망이다.

이처럼 장후용 작가의 이 작품은 시인 스스로가 평론까지 직접 쓰며 인류 문명사 속에서 '어둠의 퇴치'를 둘러싼 전류 혁명의 드라마를 섬세하게 서술하고 있다. 에디슨과 테슬라라는 직류와 교류의 상징적 인물들이 각자의 방식으로 빛을 꿈꾼 순간, 동력의 흐름 속으로 따르는 경제와 문명이 얼마나 깊이 얽혀 있음을 징후용 작가 특유의 시적 평론으로 드러낸다.

전류의 길, 꿈의 대결은 에디슨의 집요한 직류와 테슬라의 변화하는 교류는 기술적 대립 이상으로, 고집과 혁신, 안정과 역동이라는 이념적 충돌의 장이 된다. "탑을 세우는 자의 고집이 번개처럼 도시를 찢는다"는 구절은, 기득권이 도시 공간을 점령하는 방식과, 이틈을 타고 유입되는 변화의 기운을 예리하게 포착한다.

경제와 문명, 침묵의 갈등에서 총성이 없는 '전류 전쟁'이라는 이미지는, 발명가와 투자자, 산업과 미래, 진실과 꿈이 서로 갈등하면서도 공존하는 역설을 보여준다. 징후용의 관점에서는 이 조용한 전쟁이야말로 사회 변화의 가장 깊은 맥락—문명의 근육과 경제의 숨결—을 재구성하는 장이며, 이 변화 속에서 승자와 패자라는 이분법은 사라진다.

에너지 민주주의의 전망, 작품의 마지막은 신재생과 현대 에너지가 직류–교류의 경계를 넘어 또다시 춤추는 현재를 그린다. 징후용은 '에너지의 민주주의'라는 상징을 통해, 빛의 평등한 분배와 미래에 대한 포용적 희망을 제시한다. 이 구절은 기술이 더이상 경쟁만이 아니라, 모두에게 혜택을 돌려주는 이상(理想)으로 진화하는 모습을 근대적 세계관 너머에서 바라보는 관점을 담고 있다.

전통과 혁신, 완성과 경계, 에디슨과 테슬라, 전통과 혁신의 이름은 여전히 번갈아 빛난다. 작가는 본인의 이 작품을 통해 "더 멀리, 더 깨끗이, 더 효율적으로"라는 시대적 소명을 진실하게 깨달아 본다. 당파와 기술을 넘어서, 과거와 미래 사이에 형성되는 더 큰 희망이야말로 이 시가 우리에게 남기는 비평적 메시지로 손색이 없다.

<개새끼 줄>은 민중의 시

가늘게 꼬는 줄은 해방의 언저리,
쉽사리 새벽은 오지 않는다.
친일의 어둠, 개가 개를 물고
엽전 몇 닢, 바닥에 흩어진다.

나라의 이름, 국민의 손에
가장 단단하게 엮여야 했다.
전 전 전 반역의 한길을 경계하라

착취는 쉽고, 책임은 무겁다.
팔 복의 마음, 빈집 한 칸
담백한 새끼줄, 내일의 희망을 묶는다.

초라한 지붕 아래
조용히, 묵묵히
나는 내 몫의 줄을 꼰다.

민족의 독립, 우리 삶의 중심
짚 한 얼, 한 올, 손을 비벼 쪼록쪼록
굵어지지 않고 단단하게

노파심을 버리고
순진한 노인성
다 알고도 짐짓
묵묵히 도사린 뭉치다.

장후용의 《개새끼 줄》은, 해방 직후의 혼돈과 민중의 삶, 독립을 위한 고단한 현실을 상징적으로 드러내는 작품이다.

시의 상징성과 비유 — 시의 중심 소재인 새끼줄은 민중이 직접 손으로 엮는 삶의 방식을 상징한다. 가늘고 담백하게 꼬아지는 줄은 해방의 꿈, 희망의 미래를 묶는 끈이지만, "해방의 언저리, 새벽이 오지 않는다"는 구절에서처럼 민중의 소망이 실현되지 않는 현실을 드러낸다. 줄이 굵어지지 않고 단단하게 꼬인다는 표현은 삶의 무게와 집단적 결속, 그 속의 단단함을 강조한다.

역사적 맥락과 비판 – "친일의 어둠, 개가 개를 물고/엽전 몇 닢, 바닥에 흩어진다." 이 구절은 일제 강점기의 친일 세력과 해방 후에도 권력 투쟁이 계속되는 현실을 풍자적으로 비판한다. 엽전은 일제 피지배기와 해방 후 경제적 궁핍을 암시한다. 또한 "나라의 이름, 국민의 손에/가장 단단하게 엮여야 했다"는데, 이를 통해 민족의 자주성과 경제적 독립에 대한 열망을 드러낸다.

민중 시의 주체와 태도 – 시인은 초라한 현실 속에서도 묵묵히 새끼줄을 꼬는 존재, 즉 민중의 주체성을 강조한다. 이는 '민중시' 특유의 주체 의식, 집단적 저항 의식 과도 연결된다. 자신의 몫을 꾸준히 다하는 노동자는 민족 독립의 의지와 희망의 씨앗으로 작용한다.

삶과 희망의 결속 – "팔 복의 마음, 빈집 한 칸/담백한 새끼줄, 내일의 희망을 묶는다"와 같이, 희망은 현실의 궁핍을 딛고 손끝에서 조용히 자라난다. 시의 말미 "노파심을 버리고/순진한 노인성/다 알고도 짐짓/묵묵히 도사린 뭉치다"에서는 고난 속에서도 순박한 마음으로 공동체의 힘을 이어가는 자세를 보여준다.

민중 시의 의미 – 〈개새끼 줄〉은 억압된 시대적 상황 속 인간적 희망과 공동체의 의미, 저항의 정신을 담은 작품으로, 민중문학의 전형적인 특성과 역사·사회적 부정성을 언어적으로 전면화하는 전략이 돋보인다. 부정의 언어, 집단적 주체성, 역사 비판이 유기적으로 결합하여 현실적 체험과 인문주의적 열망을 동시에 형상화한다.

《항일의 섬에 민주가 필요하다》 산문

새벽녘 포구, 바람이 스치는 섬의 언덕에 서면 한 점 푸른 바다 너머로 수많은 기억이 밀려온다. 이 작은 섬에도, 우리 모두의 오래된 분노와 슬픔이 또렷하게 깃들어 있다. 해방을 맞이한 기쁨 속, 그러나 그 기쁨 뒤에 숨은 친일의 골짜기는 깊고 아렸다. 일제의 쇳덩이 아래, 입을 다물고 숨죽인 삶이었음을- 누군가는 생존의 논리라며 섬을 감싼다. 그러나 새로운 아침이 밝았을 때, 해방의 배 한 척이 닻을 내렸을 때, 책임은 그 무게를 달리해야 한다.

나라가 다시 일어나고, 헌법이 쓰이고, 민주주의가 논의될 때, 일본의 그림자에서 벗어나지 못한 이들의 변명은 더 이상 석양 속 바람에 흩날릴 수 없다. 자유를 얻은 후까지도 타인의 궤도를 따라나서는 자, 일본의 이익에 동조하며 공동체의 자존을 깎아내리는 자에게는 "이념"이란 말이 가볍게 들릴 뿐이다. 그들의 행적은, 우리 모두의 권리와 존엄을 지키는 헌법의 바다에 역류하는 먼지에 지나지 않는다.

우리의 민주주의는 국민의 손으로 세운 깃발이었다. 정당 정치, 합법 조직, 국민의 세금으로 움직이는 공동체의 관리 등 이 모두가 한국의 근대성, 독립의 꿈에 쌓아 올린 성벽이다. 민주주의는 희생의 값진 결과다. 후대가 이를 부정하고, 민주적 합의와 사실을 외면한다면, 국민의 땀과 세금이 왜 그들에게 흘러야 하는가? 민주주의는 찬탄과 반탄, 허공에 외치는 말장난 너머에 있다. 헌법이 명령하는 정당성, 변함없는 희생의 절차 위에 우뚝 선다.

부정선거의 어림 말, 왜곡된 사실의 외침, 탄핵 이후에도 판결을 부정하는 그들의 언어 속에 이 나라의 미래는 없다. 국민의 피와 땀으로 모은 재정, 그 소중한 자원을 민주적 질서에 반하는 세력에 허락한다는 것은, 역사의 섬에 또 하나의 상처를 되새기는 일이다. 싸움은 정치의 언어 너머로, 헌법, 진실, 공동체의 신뢰와 연결된다.

민족의 섬, 항일의 섬에도 민주주의는 반드시, 필요하다. 우리 모두의 미래는 함유된 합의와 절차, 사실의 등불 아래서만 진정 빛난다. 정당과 세력의 이름에 묻힌 권력과 욕망 대신, 민주주의의 원칙을 지킨다는 이 한 줄의 진심이 대한민국의 바다를 지킨다. 어느 섬, 어느 마을이든, 민주주의는 물처럼 흘러야 하고, 그 물을 더럽히는 손길은 강을 떠나야 한다. 항일의 정신 속에서도, 그 이상을 지키는 민주주의만이 진정한 공동체의 뿌리이자 내일이 된다.

장후용 작가의 산문 《항일의 섬에도 민주가 필요하다.》는 소안도의 역사와 정치 현실을 섬세하게 결합하며, 민주주의의 가치와 그것이 공동체에 미치는 의미를 진중하게 숙고한 작품이다.

섬의 역사와 집단 기억 – 산문의 서두에서 섬의 풍경을 통해 항일의 기억과 슬픔, 분노의 감정을 실감하게 한다. 이 개인적 기억은 곧 공동체의 집단 기억으로 확장되며, 일제 강점기의 억압과 해방 이후의 기대, 그리고 친일의 그림자가 긴 여운을 남겼음을 드러낸다. 작가는 '생존의 논리'라는 명분 아래 숨죽인 삶이었음을 지적하며, 해방 이후의 책임과 반성을 요구한다.

민주주의의 원칙에 대한 통찰 – 작가는 민주주의를 국민이 세운

"깃발"로 비유하며, 정당 정치와 합법성, 그리고 공동체의 자치와 책임이 민주주의의 핵심임을 강조한다. 민주주의는 결코 선언이나 말장난이 아니라, 헌법에 기반한 정당성, 그리고 희생과 절차의 집합체로 자리 잡는다. 그는 민주적 합의와 사실의 존중 없이는 진정한 근대와 공동체의 번영이 불가능함을 역설한다.

현실 정치에 대한 비판 – 산문은 부정선거, 왜곡, 탄핵 불복 등 현대 한국 정치의 문제를 직설적으로 언급한다. 공동체의 신뢰와 헌법 정신을 훼손하는 행위는 단순한 정치적 다툼을 넘어 '역사의 섬에 또 하나의 상처'를 더하는 것이다. 민주적 질서와 자원을 어지럽히는 세력에 대한 비판이, 이상과 현실을 교차시킨다.

항일 정신과 민주주의의 근본적 연결 – 장후용은 항일의 섬, 민족의 섬에서도 민주주의가 근본적인 뿌리임을 강조한다. 그저 공동체를 이끌던 항일의 정신뿐만 아니라, 합의와 절차, 사실이 지켜지는 민주주의만이 진정한 미래를 보장한다고 논한다. 마치 물처럼 흘러야 할 민주주의, 그 원칙이야말로 어느 섬, 어느 도시, 대한민국 모두에 필요한 핵심 가치임을 말한다.

평론적 의의 – 이 산문은 지역의 역사(소안도)와 전국적인 민주주의의 원리를 깊이 연결하며, 정치적 현실과 윤리적 요청을 동시에 담아낸다. 섬이라는 공간이 '항일'과 '민주'라는 두 축의 기억을 응축한 장소로 그려진다. 또한 민주주의의 원리가 현실 정치의 모든 곳에 적용되어야 한다는 강한 윤리적 명령을 드러낸다. 공동체적 책임, 합의, 절차, 그리고 통치의 정당성이 작가의 가장 큰 관심사이다.

장후용 작가의 산문은 섬이라는 지역성을 넘어, 대한민국 민주주의 전체의 미래와 윤리적 지향을 묻는, 강렬하고도 섬세한 비판적 성찰이며, 민주주의의 본질에 대한 깊은 사유와 시대적 경계를 제시한다.

〈 어머니의 보리피리 〉

어머니, 어머니!
어머니를 부르면 나는
눈물부터 납니다. 어머니, 어머니!
어머니가 슬퍼서가 아니랍니다

보릿고개 서럽던 시절
설익은 밭고랑 여문 이삭 찼다가
실수하여 뽑힌 가지 못내
애석함 감추시며

그걸로 보리피리 만들어 필릴리,
필릴리, 필릴리, 희망을 불어주시던
그 가르침의 은혜를 다하지 못한
저의 부족함 때문입니다.

어머니, 어머니, 어머니!
없을 때일수록 나누며 살라시던
그 꽃 청산 보리피리 소리

지금도 제 귓전에
필릴리, 필리리, 필릴리 필릴리,
들리는 듯합니다.

어머니, 어머니 은혜 감사합니다.

장후용의 시 《어머니의 보리피리》는 모성의 은혜와 기억의 울림을 보리피리라는 상징을 통해 깊이 있게 드러낸 작품이다.

시적 화자와 모성 – 이 시에서 반복적으로 외치는 "어머니, 어머니!"는 모성을 향한 애틋함과 감사를 강하게 드러낸다. 화자는 어머니를 부를 때마다 눈물이 난다고 고백하는데, 이는 단순한 슬픔이 아니라, 어머니의 삶과 가르침을 돌아보며 느끼는 안타까움과 감사의 복합적 감정을 보여준다.

보리피리의 상징성 – 보리피리는 보릿고개라는 궁핍했던 시절에, 어머니가 찰나의 실수로 뽑혀 아쉬웠던 보리 줄기로 만들어 주던 것에서 비롯한다. 이 과정에서의 "설익은 밭고랑 여문 이삭", "실수하여 뽑힌 가지" 등은 당시의 고단한 현실을 암시 하나, 어머니는 그 보리피리로 "필릴리 필릴리 희망을 불어"주며, 고난의 시절 속에서도 가족에게 희망과 덕을 전하는 존재로 그려진다.

가르침과 균열 – 어머니의 "가르침의 은혜를 다하지 못한 저의 부족함"이라는 고백은 화자가 성장하면서 느끼는 자기 성찰과 죄책감을 드러낸다. 어머니의 가르침, 즉 "없을 때일수록 나누며 살라"는 조언은 궁핍 속에서 공동체적 삶의 가치를 강조한다. "그

꽃 청산 보리피리 소리"는 어머니의 가르침이 자연과 인생의 아름다움, 그리고 나눔의 정신으로 이어짐을 상징한다.

어머니의 울림과 감사 - "필릴리 필릴리"라는 반복되는 피리 소리는 시간이 흘러도 귀에 들리는 듯한 모성의 울림을 형상화한다. 마지막 연의 "감사합니다"가 그 시대를 시내(市內) 적으로 어머니의 존재와 은혜에 대한 진심 어린 감사와 존경의 마음을 강조하며, 시 전체를 따뜻하게 마무리할 때 "어머니의 보리피리"는 보리피리라는 사소한 물건에 녹아든 어머니의 삶과 가르침, 그리고 그 가르침을 여전히 귀에 맴도는 피리 소리로 기억하는 화자의 진심 어린 감사의 정서를 효과적으로 구현하고 있다.

〈 나무 그림 검사 〉

그림 검사를 하기 전부터
나무는 거기 그렇게 서 있었을 거예요.
풍성한 잎사귀 의젓하게 달고서요.

그리려 하기 전에는
존재를 몰랐던, 나무하나가
그처럼 눈에 띄게 그려질 게 뭐람.

너무 지쳐버린 허허로운 시간에
차마 드러낼 수 없어 끄적여 놓은
초라한 그림 속에서

너는, 너는
너는 무엇을 말하려고
그처럼 앙상하게 섰느냐,

잎사귀 하나
그려 넣을 여유도 없이
허전한 마음 하나만 드러내 놓고선

장후용 시인의 「나무 그림 검사」의 시 내용에 비추어, 나무 그림 검사라는 심리학적 절차가 내포하는 인간 내면의 의미를 문학적으로 해석하면 다음과 같이 평론을 이어갈 수 있다.

나무 그림 검사의 시적 내면을 시인은 '그림 검사를 하기 전부터 나무는 거기 그렇게 서 있을 거예요'라며, 이미 존재하는 나무의 본질을 포착하려 한다. 이때의 나무는 풍성한 잎사귀를 의젓하게 달고 있지만, 그림으로 그려내기 전에는 그 의미와 존재감조차 의식하지 못했다는 점을 강조한다.

이는 우리가 평소 지나치는 일상이나, 내재 된 감정을 외면하다가 극히 피로하고 허탈한 순간에야 비로소 그것을 들여다볼 용기를 내는 인간 심리의 구조와 매우 닮았다.

초라하게 그려진 나무는 시인 개인의 내면 풍경, 그리고 검사에 임하는 내담자의 심리상태를 동시에 상징한다. 잎 하나 그릴 여유조차 없이 앙상한 나무로 남은 모습은 내면의 공허함, 지친 감정, 그리고 자신을 제대로 드러낼 힘마저 소진된 상태를 고스란히 드러낸다.

집-나무-사람(HTP) 검사에서 나무는 성장, 자아, 자기 개방, 안정감의 욕구, 혹은 삶의 상실감과 같은 개인의 무의식적 세계를 투사하는 역할을 한다.

상실과 드러남, 시의 검사 의미 - '차마 드러낼 수 없어 끄적여 놓은' 그림 속 나무는, 자기 감정이나 내적 상처를 쉽사리 드러내지 못하는 인간의 방어기제와 깊은 연관이 있다. 심리검사에서 초라하거나 앙상하게 그려진 나무는 현실의 삶에 대한 위축감, 우울, 불안, 고립감, 자존감의 결여를 반영하고 반면, 마음속 풍성했던 나무가 검사의 과정에서 앙상하게 변하는 순간, 시인은 인생 모두가 시련과 고단함 속에서 핵심 감정마저 앙상해지는 모습을 보게 된다고 말한다.

앙상함에서 찾는 의미 - 이 시에서 나무는 결국 '허전한 마음 하나만 드러내 놓고선' 자신마저 낯설어지는 인간의 실존을 비춘다고 할 수 있다. 나무 그림 검사가 내포하는 것처럼, 시인은 치열한 시간, 피로와 허탈함 속에서 삶의 민낯을 발견하며, 내면을 응시하는 용기를 보여준다. 시와 검사는 서로를 비추는 거울처럼, 상실의 앙상함과 내면의 본질적 충실함을 동시에 탐구한다.

< 손은 예정된 순리 >

고욤이 감사다. 신의가 감동이다.
영감은 먹감에 치매고 감 씨의 속은
애초부터 감질이 난다.

반가울 때 잡은 손 헤어질 때도
놓지 말라는 법 손자의 병법에는
없어야 할 손 손 손

〈 허기의 문턱에서 〉

자비롭던 어머니 손에 아이의 몸이 끓는다
예제를 삶은 국물 위에 문명도, 연민도
빼빼 말라붙어 내려앉는다.

네발로 기어가는 백작, 굶주림에 짐승이 된 자
아버지의 눈 속 자식의 탄원이 피와 눈물로 물든다.

공허의 심연에서 인류의 뼈가 스며들고
굶주림은 살을, 탐욕은 영혼을 파먹는다.

서로의 공허를 먹고 또 먹는 시간
죽음보다 잔혹한 허기, 이루 말 못할 운명,
우리는 누구를 살리려고 사람을 삶이라 하는가.

〈 손의 예정된 순리, 허기의 성좌 〉

서울 종로의 새벽,
빌딩 유리창마다 불이 켜져 있다.
야한 밤을 건너온 불빛들은 모두
배고픈 눈동자다.

아니 주린 것은 배가 아니라,
존재인 자체가 굶주리고 있다.
서로의 얼굴을 페르소나로 마주하는 도시,
이곳의 공기는 뜨겁고도 뜨거운 열기다.

열기가 편리한 문인데 온기가 없다.
아빠의 방엔, 따뜻함 대신, 광기가 어린
광고와 뉴스, 그리고 자기 계발의 문장만
빗장을 풀고 허기를 대신 채운다.

시인이 어제 쓴 시에서 말했듯,
 "손은 감사요, 신의요, 예정된 순리"다.
그러나 이 도시에서 손은 단지 입력 도구가 된 채
포옹 대신 터치, 잡음 대신 클릭으로, 배달은 민족

손끝은 여전히 움직이지만, 움직임 속엔
생명은 사라지고 없다. 예루살렘의 허기가
우리 곁에 다시 일어나 치매에 걸린 어머니가
병원 식판을 바라보며 중얼거린다.

"이건 아빠가 주는 내 아들 밥이냐?"
횡설수설하여 묻는 한마디가
단테의 지옥보다 잔혹하다.

사랑이 자신을 잊는 순간, 세상은 붕괴한다.
그때 밖에선, 누군가의 아이가 편의점 앞을 떠돈다.

아이의 굶주림은 빵의 문제이기도 하지만,
더 따뜻하게 자신을 불러 줄 이름의 부재다.

한때 그 누구도 그를 부르지 않았다.
이름 없는 도시의 허기, 이 시대의
예루살렘처럼 교보문고 광고판에
"더 가지라. 더 빛나라. 더 되어라."
만국기는 로마의 신전처럼 빛난다.

탐욕이 곧 신앙이 된 시대
그러나 모든 채움은 공허를 낳는다.
대기업 회장의 저녁 식탁 위에서도
굶주림은 앉아 있는 이때의 허기는
무소유도 허기, 인정욕구도 허기,

신에게 버림받은 자의 내면적 허기,
우리는 모두 '우골리노'가 되어 자식의 꿈을
삶아 먹느사, 학원의 교무실, 회사의 엘리베이터,
정치의 연단 위 강대상 어디서든
인간은 자신의 피를 음미하며 말한다.

"살기 위해서라고."
그럼, 정말 우리가 '살고' 있는가?
이때 나의 언어는 절망의 심연 속에서
꺼지지 않는 불씨처럼 남는다.

나는 손을 노래했다.
잡지 않는 손, 움켜쥐지 않는 손,
놓는 법을 아는 손. 사람의 진가는
힘이 아니라 비움에서 자란다고

그러므로 비움은 허무가 아니라
연민의 자리, 허기를 메우는 것은 밥이 아니라,
함께 앉는 시간이다. 한 그릇 국밥이라도,
그 안에 연민이 녹아 있으면 세계는
잠시 따뜻해진다.

영어로 로마를 쓰고 거꾸로 읽으면
아모르, 사랑의 이름은 언제나 우리의
반대 방향에서 들려온다.

사랑은 순리의 역행이다.
잡을 수 없기에 아름답고,
헤어져야 다시 만날 수 있다.

손은 그 운명의 경계에서 흔들린다.
그래서 우리는 손을 내민다.
기억을 붙잡기 위해
사랑을 흘려보내기 위해

손을 맞잡는 일은 단지
인사나 위로가 아니라,

이 시대의 마지막 저항이다.
서로를 잡는 일만이
허기의 문턱에서 인간을 지켜내는 일이다.

밤이 깊다. 종로의 불빛이 하나둘 꺼질 때,
어디선가 누군가의 손이 기도를 올린다.
식도는 하나의 도식이니 기도는 떨림이다.

허기를 견디는 진짜 손은
무엇을 움켜쥐지 않는다.
그저 따뜻한 온기로 떨릴 뿐이다.

정한 수 한 사발 떠 놓고
비비는 손에서 신이 다시 태어난다.
아빠의 손, 아모르의 손, 연민의 손,
손, 손, 손 큰손 하나가 도시의 폐허를 비춘다.

우리는 여전히 굶주리지만 허기진
배고픔은 배곯음 속에서도
가장 따뜻한 약손
가만히 사랑을 바라봄은 눈빛으로 피어난다.

이 3편의 시는 예레미야애가의 비극과 단테의 신곡, 그리고 근대 미술에 구현된 우골리노의 허기를 접목하여, 내면적 공허와 탐욕의 극한이 인간을 어떻게 해체하고 되묻는지 집중적으로 압축한다.

《우골리노와 예루살렘의 허기》 산문

인간성의 경계에서 예레미야애가 4장은 극한의 굶주림이 어떻게 인간의 인격 아래에 잠재된 원초적 본성을 드러내는지를 보여준다. 젖먹이가 혀가 말라붙을 정도로 목마름에 시달리고, 평소 사랑 많던 어머니조차 자녀를 삶아 먹는 비극이 벌어진다. 이는 이전의 어머니는 악한 자가 아니라 '자비로운 부녀'였음을 유독 강조한다.

곧 궁핍이 일정 수준을 넘어서면, 연민조차 허기의 본능 앞에서 무너질 수 있음을 드러낸다. 본능적으로 새끼를 보살피는 들개와 달리, 인간은 문명과 도덕의 기반이 붕괴할 때 오히려 더 비정해질 수 있다. 이 역설은 예루살렘의 몰락과 동시대 사회지도층의 무너진 윤리의식에서 극명히 드러난다.

이러한 허기는 단지 식량이나 재화의 결핍이 아니다. 도성의 파멸과 지도층 타락은 공동체의 근본적 신뢰와 연대, 그리고 내면의 가치가 무너질 때 사회적 허기가 어떻게 실체를 드러내는지를 보여준다.

단테의 신곡에서도, '우골리노'의 굶주림은 단순한 신체적 고통을 넘어, 사회의 정치적 배신과 인간 내면의 절망이 극한으로 치닫는 실존적 기록이다. 우골리노의 이야기는 "아버지, 배가 고파요. 제발 우리를 잡아먹으세요."라는 자식들의 탄원에서 죽음의 본능은 타나토스와 에로스의 도덕적 파국의 충돌은 이 한 지점에서 서로 만나 인간적 존엄성이 해체되는 참혹함을 극대화한다.

카르포와 로댕이 조각한 우골리노의 형상은 이 내적 비극의 고통을 시각적으로 극대화한다. 카르포는 아비의 번민과 인간적 고뇌, 로댕은 짐승이 되어버린 인간의 종말을 각각 형상화했다. 로댕의 〈지옥문〉 속 우골리노는 등 뒤 아이의 시체 너머로, 네발로 기어가며, 마치 먹이를 노리는 들개처럼 연민도, 윤리도 남지 않은 절망의 육체로 재현된다. 이처럼 허기는 더 이상 근육과 피의 문제가 아니다. 존재의 의미와 인간성의 임계점에 관한 문제다. 허기, 공허, 그리고 사회적 탐욕은 현대사회에서 단순한 허기는 물리적 결핍의 상징으로만 머물지 않는다. 풍요의 시대에도 내면이 공허한 이유, 포만한 자들이 허기에 시달리는 아이러니에서 드러나듯, 사회적 허기는 '타자의 결핍'과 '의미의 부재'에 뿌리를 둔다.

우리는 타인의 아픔을 외면하는 '정서적 기근'과, 관계가 파괴되는 '공동체적 허기' 속에서 살아간다. 전통적 공동체의 유대가 해체되고, 개별화된 경쟁의 논리만이 남아 있는 풍경은, 서로를 살릴 힘조차 메말라간다면 이는 곧 사회적 탐욕과도 연결이 된다. 자신만의 생존과 만족에 집착할수록, 그 이면에서는 더욱 강한 허기가 깊어지고 내면의 구멍은 더 많은 재화, 더 많은 인정, 더 많은 권력으로 메우려 한다. 그러나 이러한 시도는 한계를 보인다. 왜냐하면 그것은 인간의 실존적 결핍, 곧 의미의 공허를 채워줄 수 없기 때문이다.

단테의 지옥에서 죄인들은 자신들의 탐욕과 배신, 공동체적 윤리의 파괴를 통해 지옥에 도달했다. 그곳에서 허기는 더 이상 채울 수 없는 '영원한 결핍'으로 남는다. 동서양 사유의 접점에서 동양적 관점에서 보면 허기는 '진정한 배고픔' 즉 의(義)와 인(仁)이 사라진 세상에서는 물질적 결핍보다 '영혼의 결핍'이 더 참혹하다고 보았다.

유교 경전과 불경에서 '기아'의 이미지는 언제나 공동체의 붕괴와 도덕적 몰락의 징후였다. 서양 실존철학에서 허기는 곧 의미의 상실, 신의 침묵, 피안의 결핍과 연결된다. 동양이 연민과 관계 복원을, 서양이 실존과 신의 침묵을 이야기할 때, 양자는 모두 '허기'를 인간 본질의 변곡점이자 경계로 인식했던 셈이다.

결국 인간을 살리는 것은 무엇인가 물을 때 허기는 결국 '서로에 대한 책임의 상실', 즉 연민, 신앙, 관계, 공감의 붕괴에서 비롯되는 내적 공허이다. 탐욕이 증대할수록, 사회 속 개인의 허기는 더욱 심해진 잔혹한 허기의 현장, 예루살렘의 어미, 피사의 우골리노—에서 드러나는 실존의 경계는 오늘의 우리를 향해 묻는다.

우리는 누구를 살리고, 무엇으로 살아가는가, 허기를 진정히 메우는 길은, 우리 각자의 내면에 잠긴 '채워지지 않는 구멍'을 서로에게 내어주고, 다시 연민과 책임, 의미의 공동체를 복원하는 것에서 시작된다. 이것이야말로, 잔혹한 허기의 경계에서 비로소 인간임을 지키는 길이다.

장후용의 산문세계와 현대 한국사회

* - 그의 문학적 자화상

고통과 삶의 언어, 장후용의 산문과 시는 고통, 결핍, 허기라는 잔혹한 실존적 시련 앞에서도 인간다움, 온기, 손의 순리를 복원하려는 노력의 연속이다. 그의 작품에서 손은 단순한 신체적 도구가 아니라, 인간 존재의 근원적 신뢰와 책임의 상징으로 그려진다.

특히 ALS - 투병 이후, 그의 언어는 더욱 절절한 생존의 윤리를 품는다. 신체의 쇠락이 오히려 영혼의 투명성을 날카롭게 드러내며, "잡지 않는 손"과 "놓을 줄 아는 순리"로 타자를 향한 연민의 시학을 완성해 간다.

장후용은 가장 내밀한 상실과 장애의 고통을, '문명의 허기'와 '사회적 탐욕'에 대한 성찰로 전환한다. 이 점은 한하운 등 질병과 장애를 문학적 긍지와 공감의 근원으로 삼았던 한국 현대 시인들과도 통한다. 개인의 운명적 아픔을 사회적 책임의 자리로 끌어올리고, '나'의 상처가 '우리'의 공동체 윤리로 승화되는 순간을 꾸준히 기록해 왔다.

허기와 공허-한국 현대사회의 거울

장후용의 주제들은 오늘날 한국 사회의 내면을 그대로 담는다. 번쩍이는 도시의 불빛 아래, 개인들은 배부른 겉모습을 갖지만 정작 존재와 관계의 단절, '이름 없는 허기'에 시달린다. 이는 최근 한국 문학에서 적극적으로 다루어지는 '공허'의 문제와도 맞닿는다. 물리적 결핍이 아닌 의미의 결핍, 타인의 고통을 감지하지 못하는 비정한 사회, 탐욕의 메커니즘이 오히려 내면적 기근을 심화시킨다는 비판적 자각이다.

공허와 불안은 IMF 이후 현대 한국 사회의 고유한 정서로 자리 잡았다. 경쟁과 소유, 성과 중심적 패러다임 속에서 공동체의 윤리는 단절되고, 인류는 "생존의 손짓"마저 잃어간다. 장후용 산문은 이 허기와 공허를 단순한 사회적 병리로만 그리지 않고, '신적 침묵'과 '연민의 회복'이라는 영적 실존의 차원으로 끌어올린다. 그의 문장은 한국 현대문학의 '메멘토 모리'-죽음과 허무를 성찰하는 기억, 그리고 초월의 희망을 제시한다.

ALS-투병의 시학-몸의 쇠락, 영혼의 승화

근위축성 측삭경화증(ALS)은 신경계 퇴행성 질환으로, 대뇌와 척수의 운동신경 세포가 선택적으로 손상되어 근육이 점차 약화 되고 위축되는 병이다. 흔히 '루게릭병'이라고도 불리며, 사지의 근력 약화, 근 위축, 언어 장애, 삼킴 곤란, 호흡, 근육 약화 등이 진행되면서 수년 내에 생명을 위협하는 치명적인 질환이다. ALS로 인해 신체의 점진적 붕괴를 겪으면서, 장후용의 시적 산문은 더 원초적이고 물결치는 삶의 본질을 껴안는다. 손끝의 떨림, 말을 잃은 순간에 떠오르는 언어, 절망 속의 작은 몸짓을 통해 그는 '아가페의 손'을 노래한다. 장애와 병고의 경험은 그의 시에서 '개인의 고통'이 '보편적 인간성'으로 변모하는 결정적 계기가 된다. 고통은 그 자체로 침묵이나 비극이 아니라, 연민과 타자성, 공동체적 회복의 원동력으로 작동한다는 믿음이 그의 산문 전체를 지탱한다.

이 점에서 그는 투병 시인을 소재로 한 현대 한국 문학의 계보와 이어지며, "고통이 곧 존재의 부름"임을 새긴다. 한하운 등 병고와 상실을 통해 삶의 본질을 성찰하고 세계를 향해 연민을 확장한 시인들과, 장후용은 동행한다.

잡는 손, 놓는 손

장후용의 손의 시학은 기독교적 신앙, 불교적 연민, 그리고 고전적 인문학의 윤리까지 아우른다. 잡는다는 것은 책임이고, 놓는다는 것은 용서며, 두 행위의 사이에서 가장 인간다운 진실이 태어난다. 그의 산문은 "잡으려다 놓는 순간"에 비로소 영혼의 순리가 시작됨을 말한다.

서울의 골목, 병실의 창, 집 없이 떠도는 아이의 손까지 그는 시의 시선을 확장한다. 이 세계의 허기는 손끝의 떨림에서 동시에 시작되고, 마침내 그 떨림이 허기를 사랑으로 변화시키는 신비의 순간을 기다린다. 메멘토 모리─죽음을 기억하는 문학은, 동시에 끝내 삶을 기억하는 시적 회복이다.

사유의 성좌(聖座)-허기, 회복, 온기의 문학

장후용의 산문을 한국 현대문학의 맥락에서 보면, "허기"와 "손의 예정된 순리"는 허기진 결핍의 기록이 아니라, 인간의 존재론적 변곡점이자 공동체 회복의 문턱이다.

〈 뻐꾸기 우는 여름 들판에는 〉

여름날 뻐꾸기 소리, 여름 들판 푸릇푸릇하게 자란 벼를 보고 울었소. 단 한 평 논은 없어도 누렇게 익어가는 보리밭을 보고는 마냥 웃었소. 큰 산 논골 다랑이 논맨 꼭대기에 있던 울 엄니 품 같던 안골 밭지기, 지금은 소안도 미라리 동네 사람들 목마름을 해갈하는 수원지가 되었는데 큰 산을 가로질러 메아리치는 뻐꾸기 노랫소리 내 가슴은 왜 이다지 먹먹한지요.

논 한 마지기 없어 이삭을 주워 생활해야 했던 어린 시절 지독하게도 가난한데 ALS "루게릭병"이라는 불치병에 걸려 긴 세월 투병까지 그의 고통은 사회적 공허, 관계의 단절에도 불구하고, 이 모든 것이 다시 손끝에서 시작된다는 걸 갈치면 바다는 마치 손 하나가 나타나 거기 기록한 모세의 갈림길 부서지는 모래의 끈을 잡는 법을 잊지 않으면서도, 놓음의 진실을 받아들일 때, 인간은 스스로 넘어 서로를 살릴 준비를 하게 된다.

장후용의 작품세계는 이러한 시적 사유를 통해, 문학이 지닐 수 있는 치유와 회복의 가능성을 끝까지 확장한다.

오늘의 한국, 인간과 인간이 서로의 허기와 상처를 통해 연결될 수 있다면, 그 손끝이야말로 다시 인간을 일으킬 마지막 온기가 될 것이다.

이 평론은 장후용 시인의 '산문' 세계와 함께 한국 현대문학이 직면한 결핍, 허기, 그리고 회복의 문제를 종합적으로 조망하며, 병고와 사회적 공허 속에서도 끊임없이 연민과 책임을 복원하려는 문학의 근원적 힘을 강조하고 있다.

장후용의 산문 세계와 한국 현대문학의 확장

병든 자의 고통의 몸짓, 허기의 사회, 장후용은 자신의 ALS 투병과 한국 사회의 허기를 하나로 엮는다. 몸의 쇠락은 단순한 퇴행이 아니다. 그의 손과 언어는 "있음"과 "없음" 사이의 떨림을 기록한다. 개개인의 병고는 공동체의 허기와 맞물린다. 서울의 밤, 종로의 쪽방촌, 고독한 도시에 내리비치는 광고탑은 잃어버린 연대와 신뢰의 빈자리다. 소유와 경쟁이 지배하는 시대, 사람들은 더 가졌으나 더 외롭다. 장후용시인의 문학은 이 빈자리마다 손의 온기로, 시의 기도로 채우려 한다.

연민의 손, 시의 저항 '손은 예정된 순리'라는 명제는 장후용 작가의 산문에서 중심적 주제가 된다. 잡는 손은 사랑과 책임, 놓는 손은 용서와 자유다. ALS가 그의 손을 점점 굳게 만들 때, 오히려 그는 비움과 내어줌의 가치를 더 깊이 깨닫는다. 누군가의 허기를 같이 견디는 것, 놓인 손끝에 남은 열을 서로 붙드는 것 – 이것이 바로 장후용의 시적 저항이고, 한국 현대사회에 필요한 온기다.

현대문학에서 장후용의 작품은 '허무'와 '죽음'을 성찰하는 메멘토 모리적 서사와 맞물린다. 결핍과 고통을 그냥 비극으로만 다루지 않고, 그것을 삶과 존재, 인간 회복의 근원으로 다시 사유한다.

ALS 투병 시인인 여타 암 투병 시인들처럼, 병고의 고통을 통해 삶을 새롭게 재발명하려는 힘이 그의 산문 세계를 이끈다. 이 시적 영성은 오늘날 관계의 단절과 의미의 상실로 고통받는 한국 사회를 위로하며, 허기를 넘는 연민과 공동체의 희망을 재창조한다.

허기의 시대, 시의 회복에도 오늘의 서울은 번쩍이면서 속절없다. 각자의 허기와 고독이 도시를 가득 채우고, 공동체적 신뢰는 흔들린다. 그러나 장후용의 산문 세계는 그 속에서 다시 한번 손을 내민다. "잡지 않는 손, 놓는 손"이 곧 윤리이고 예술이다. 고독한 손끝, 병든 몸, 공허한 사회 – 모두는 시와 사랑, 연민과 공동체 회복의 자리로 바뀔 수 있다. 그는 시로써 불가능한 회복을, 인간적 온기라는 가능성으로 끝까지 끌어올린다.

이 평론은 장후용 작가 자신이 자기의 개인적 투병의 시학과 한국 현대문학의 허기·공허의 현상, 그리고 관계 회복의 시적 의미를 통합적으로 조명할 때 작가의 손끝은 떨림에서 다시 출발하는 새로운 성좌로 한국 문학의 온기가 되기를 바라는 기원을 담았다.

<고진명 시인 독후감>

장후용(張厚龍) 작가의 《종로에서 소안도로 말 달리다》를 읽는 내내, 나는 르네 마그리트의 그림 〈재생 불가(Not to be Reproduced)〉 앞에 서 있는 기분이었다. 거울 앞에 서 있지만, 거울 속 모습은 얼굴이 아니라 뒷모습을 비추는 듯 이해할 수 없는 상황에 한동안 헷갈렸다.

《종로에서 소안도로 말 달리다》에서의 인물들은 이런 모순적인 공간과 사건 속을 살아간다. 그들이 발 딛는 섬은 지리적으로 고립된 장소이면서도, 인간 내면의 고독과 진실이 끝없는 반향(反響)의 정신적 풍경이 된다.

마그리트가 "우리가 보는 모든 것은, 우리가 보는 것에 의하여 숨겨져 있다" 했듯이, 소설 속 인물들이 마주하는 진실도 단번에 드러나지 않는다. 사람들은 서로를 보면서도 속마음을 숨기고, 표면의 말과 행동은 어딘가 엇갈린다. 독자는 점점, '과연 이들이 보고 있는 것이 현실인가'라는 의심을 품게 된다.

특히 주인공이 섬에서 마주하는 상황은, 마치 『아서 고든 핌의 모험』 속 절박한 생존 환경처럼 강렬한 긴장감을 준다. 바다와 섬은 단순한 배경이 아니라, 인간을 시험하는 무대다. 폭풍우에 갇힌 배 위나 배반과 불신이 뒤엉킨 낯선 땅처럼, 《소안도》의 공간 역시 불확실성과 위기를 품고 있다. 이 불확실성 속에서 인물들은 현실과 환상의 경계, 그리고 사실과 거짓 사이를 끝없이 오간다.

소설 속 갈등은 단순히 인간관계의 충돌이 아니라, 존재의 근본을 묻고자 하는 질문으로 느껴졌다. 누구를 믿어야 하는가, 무엇이 진짜인가, 고립된 상황 속에서 나 자신은 어떤 존재인가. 이는 실존주의 문학이 즐겨 던지는 질문들이고, 마그리트가 그림을 통해 제시한 '보여 짐과 숨겨짐'의 역설과도 맞닿아 있었다.

《종로에서 소안도로 말 달리다》의 서사는 섬의 폐쇄성과 자연의 위엄, 그리고 인간이 이를 해석하려는 시도를 동시에 보여준다. 때로는 그것이 실패하고, 때로는 왜곡되며, 마침내 독자를 더 큰 미지로 이끈다. 『아서 고든 핌의 모험』이 거대한 흰 안개의 존재 앞에서 이야기를 끝맺었듯, 장후용(張厚龍) 작가의 소설도 명쾌한 답을 주지 않는다. 오히려 그 불완전함과 공백이, 독자의 마음속에서 오래도록 잔상을 남기도록 유도한다.

《종로에서 소안도로 말 달리다》의 내용은 일반적인 그런 섬 이야기나 미스터리가 아니라, 인간이 낯선 세계와 마주할 때 느끼는 두려움과 경이, 그리고 그 경계에서 흔들리는 존재의 초상, 그러나 그러면서도 먼지(知)의 태연자약(泰然自若)함은 결코, 꺾이지 않을 걸 믿는 신의의 열매를 주렁주렁 매단 하나의 철학적인 작품이었다. 이 시책을 보다 많은 독자들이 읽고 성찰의 기회로 삼았으면 하는 바람이다. 나는 책장을 덮고 난 뒤에도, 여전히 섬의 안개 속을 걷고 있는 듯한 기분에서 쉽게 벗어나지 못할 것 같은 느낌이 들었다.

2025년 11월 고진명 시인

▋독후감 저자 고진명 시인 주요 프로필 및 주요 출연 작품 ▋

- 현재 영화배우, 탤런트. 모델, 시인 등으로 활동 중
- (사)한국영화배우협회 고문
- (사)국민생활건강진흥원 이사
- 고양 국제청소년 연기뮤지컬 경연대회 심사위원장
- 세계국보황칠조직위 홍보대사
- 세계환경문학협회 상임이사
- 미디어헌터 탤런트 봉사단 고문
- 문화복지사. 심리상담사
- 세계환경문학협회 2023년 본상 수상 등
- 한양대학교 미래경영고위과정 AMP 24,25기 수료
- 한양대학교 미래경영전략 고위과정 AMP 26,27기 지도교수
- 샌프란시스코 주립대학 G.AMP 1기 수료
- 센프란시스코 주립대학 G.AMP 2기 지도교수
- 출연작 TV
- KBS TV
- 이름없는 여자 – 보육원 원장 역,
- 제빵왕 김탁구 – 빵공장 공장장 역
- 장사의 신 객주 – 어의 역
- 꽃길만 걸어요 – 농장대표 역 外
- 뻐꾸기 둥지, 무인시대, 산넘어 남촌, 참 좋은 부부 등 다수

▌장후용 시인 프로필 ▌

- ACADCD INSTITUTE COLLEGE 중독·상담학박사
- Facilitation University of Personl &Public Leadership
- Association of Christian Alcohl &Drug Counselors
- Lim's Character Style Inventory
- 미드웨스트 유니버스티- 마약알콜약물예방상담센타 부소장
- 사)국민생활건강진흥원원장(현
- 한국전문상담학회교수(현
- 사) 한국문인협회 문학치유위원장 2025년(현
- 한국심리상담전문학회교수(현) • 문화복지사
- 용인심리상담&마음치유센타고문(역임) • 한국상담문화원원장(역임)
- 한국약물예방교육개발원 원장(현) • 이천평생교육원운영위원(현)
- 나무아저씨 • 사회적 기업-자문(역임) • 한울타리문학회대표(현)
- 용인심리상담센터고문 및 자문(역임) • 중독심리학회 정회원
- 고려대학교사회교육대학원약물중독재활상담전문가최고위과정교수-(역임)
- 명지대산학협력교육기관-층간소음상담지도자양성-교수(역임)
- 웨스트민스터대학원대학교외래교수(역임) • 사)한국심성교육개발원부원장(역임)
- KMTA매체심리치료학회이사(역임) • 서울 양천구 청소년상담위원(역임)
- 서울송파구보건환경발전위약물오남용예방위원-(역임)
- 한국마약범죄예방학회 학술이사(역임) • 한국마약퇴치운동본부송천쉼터팀장(역임)
- T스쿨교원연수원(학교폭력약물예방상담과정교수(역임)
- 서서울생명의전화상담친교위원장(역임)
- 상담수련전문가과정감독 • 미술치료전문가 • 중독상담전문가 • 심리상담전문가
- 문학(詩)치유 전문가 • 생활건강지도전문가 • 올해의 新한국인 大賞(동아일보)
- 2013년 한국을 이끄는 혁신리더 33인 大賞(시사매거진선정.)
- 2013년 세계환경문학大賞 수상 • 2023년 자랑스러운 문인상 수상
- 한국문인협회 문학치유위원장. • 김포문인협회이사
- 세계환경문학전무 역임 • 우리가곡작사가협회이사 • 양천문인협이사 .
- E-mail : eirene2004@hanmail.net • ☎ 010-8819-0191

종로에서 소안도로 말 달리다

인쇄일 | 2025년 11월 15일
발행일 | 2025년 11월 15일

지은이 | 장후용
펴낸곳 | 도서출판 조은
발행인 | 김화인
편집인 | 김진순
    주소 | 서울시 중구 을지로20길 12 대성빌딩 405호
    전화 | (02)2273-2408
    팩스 | (02)2272-1391
출판등록 | 1995년 7월 5일 신고번호 제1995-000098호
    ISBN | 979-11-94562-22-1
    정가 | 25,000원

♠ 잘못된 책은 바꾸어 드리겠습니다
♠ 이 책의 내용은 신저작권법에 의하여 국제적으로
   보호받고 있습니다.
♠ 저자의 허락 없이 전재 및 복제를 할 수 없습니다.
♠ 한국예술인재단 창작지원금 출판